SOB O OLHAR DAS CRIANÇAS:
ESPAÇOS E PRÁTICAS NA EDUCAÇÃO INFANTIL

LIANA GARCIA CASTRO

SOB O OLHAR DAS CRIANÇAS:
ESPAÇOS E PRÁTICAS NA EDUCAÇÃO INFANTIL

Coordenação	Ana Carolina Freitas
Copidesque	Mônica Saddy Martins
Capa e diagramação	DPG Editora
Revisão	Simone Ligabo

Dados Internacionais de Catalogação na Publicação (CIP)
(Câmara Brasileira do Livro, SP, Brasil)

Castro, Liana Garcia
  Sob o olhar das crianças: Espaços e práticas na educação infantil/ Liana Garcia Castro. – Campinas, SP: Papirus, 2019.

Bibliografia.
ISBN 978-85-449-0330-8

1. Creches 2. Escolas 3. Crianças – Direitos 4. Educação infantil 5. Fotografias 6. Pedagogia 7. Prática pedagógica I. Título.

19-29671   CDD-372.1

Índice para catálogo sistemático:

1. Crianças e espaços educativos: Prática pedagógica:
   Educação infantil   372.1

Cibele Maria Dias – Bibliotecária – CRB-8/9427

1ª Edição – 2019

Exceto no caso de citações, a grafia deste livro está atualizada segundo o Acordo Ortográfico da Língua Portuguesa adotado no Brasil a partir de 2009.

Proibida a reprodução total ou parcial da obra de acordo com a lei 9.610/98.
Editora afiliada à Associação Brasileira dos Direitos Reprográficos (ABDR).

DIREITOS RESERVADOS PARA A LÍNGUA PORTUGUESA:
© M.R. Cornacchia Editora Ltda. – Papirus Editora
R. Barata Ribeiro, 79, sala 316 – CEP 13023-030 – Vila Itapura
Fone: (19) 3790-1300 – Campinas – São Paulo – Brasil
E-mail: editora@papirus.com.br – www.papirus.com.br

*A arquitetura como construir portas,
de abrir; ou como construir o aberto;
construir, não como ilhar e prender,
nem construir como fechar secretos;
construir portas abertas, em portas;
casas exclusivamente portas e teto.
O arquiteto: o que abre para o homem
(tudo se sanearia desde casas abertas)
portas por-onde, jamais portas-contra;
por onde, livres: ar luz razão certa.*

*2.
Até que, tantos livres o amedrontando,
renegou dar a viver no claro e aberto.
Onde vãos de abrir, ele foi amurando
opacos de fechar; onde vidro, concreto;
até refechar o homem: na capela útero,
com confortos de matriz, outra vez feto.*

João Cabral de Melo Neto (1986). "Fábula de um arquiteto". *In*: *Poesias completas*. Rio de Janeiro: José Olympio, pp. 20-21.

SUMÁRIO

PREFÁCIO 9
Sonia Kramer

APRESENTAÇÃO 13

1. CRIANÇA, ESPAÇO E EDUCAÇÃO INFANTIL 21
   Primeiros flashes 22
   Em foco, os direitos das crianças 35
   Para conhecer o que dizem as crianças 63

2. LENTES TEÓRICO-METODOLÓGICAS 71
   *As crianças como sujeitos históricos: Contribuições
   da psicologia histórico-cultural* 72
   *As crianças como atores sociais: Contribuições da
   sociologia da infância* 81
   As crianças como pessoas: Contribuições da filosofia do diálogo 85
   Da teoria à empiria: O encontro com as crianças 90

3. CONHECER OS ESPAÇOS COM AS CRIANÇAS 95
   Os espaços de fora 96
   Os espaços de dentro 115
   As crianças, as fotografias e o ato de fotografar 128

CONSIDERAÇÕES FINAIS: O QUE DIZEM AS CRIANÇAS............................ 137

REFERÊNCIAS BIBLIOGRÁFICAS.. 143

PREFÁCIO

Sonia Kramer

Foi com imensa alegria que recebi – e aceitei! – o convite para escrever este prefácio. *Sob o olhar das crianças: Espaços e práticas na educação infantil*, de Liana Garcia Castro, trata de relevante temática do campo de estudos da infância, das práticas escolares, de ação cultural e de interações entre as crianças e com os adultos.

Com uma abordagem que conjuga teoria e empiria, reflexão e sensibilidade, desde os primeiros *flashes*, o foco do livro está colocado sobre os direitos das crianças e suas possibilidades de criação. As lentes metodológicas tecidas para conhecer o que as crianças falam e fazem são delineadas consistente e delicadamente com base na psicologia histórico-cultural, na sociologia da infância e na filosofia do diálogo, convidando os leitores e as leitoras a compreender e a considerar as crianças como sujeitos históricos, atores sociais, pessoas.

Em sua escrita, Liana pergunta: O que as crianças falam? Por que falam? O que querem compreender? O que lhes é autorizado ou proibido? O texto articula indagação e compromisso, inquietação e procura de resposta, afeto e uma busca ativa de legibilidade. No relato, a experiência da professora se combina à da pesquisadora que, no encontro com as crianças, permite que nos desloquemos com elas, que notemos o que de miúdo se revela e o que se esconde. O que elas mostram, veem e fotografam. E aqui se revelam seus modos de serem crianças.

Liana – autora, professora e pesquisadora – sabe que observar as crianças requer sempre se observar. Nesse movimento de aproximação e afastamento, reside o maior desafio da prática em educação, e também em educação infantil. Observar os espaços com as crianças é, assim, observá-las também, procurar compreender o que as move e para onde elas se movem. O que apontam e o que denunciam da beleza ou da feiura que as envolve, que nos envolve, que as acolhe ou rejeita. Espaços de dentro e espaços de fora – dos prédios, das salas e de nós mesmos – ficam mobilizados. Espaços de brincar, rodas de leitura, rodas de cadeiras, cadeira de rodas, a vida gira.

As crianças, as fotografias e o ato de fotografar têm a força de mostrar aos adultos – profissionais ou familiares – como ressignificar o olhar e ver de novo, de outro modo. Assim fazendo, o texto que os leitores e as leitoras encontram aqui apresenta a qualidade dos espaços das instituições públicas destinadas às crianças. Com sua escrita suave e poética, a autora nos coloca dentro da precariedade da estrutura física desses espaços internos e externos e da reduzida variabilidade dos brinquedos e dos materiais disponíveis para as explorações infantis.

O que as crianças falam e fazem dos/nos espaços de uma instituição de educação infantil evidencia sua alegria e a busca de liberdade, convivendo com limites impostos pelos adultos, inadequação do mobiliário, conservação precária do ambiente. Plantas, árvores, livros, brinquedos, materiais diversos estão lá, as crianças poderiam pegá-los, criar com eles, movimentar-se, mexer, mudar, mas a proposta pedagógica favorece sua ação? Pelas mãos das crianças, em seus gestos, seu olhar e suas palavras, revela-se a situação dos contextos institucionais e das políticas públicas de educação infantil no Brasil.

Por esses e outros aspectos, este livro interessa a professores e professoras e a profissionais que trabalham com crianças em creches, pré-escolas, escolas, que atuam e desenvolvem projetos em centros culturais, museus, praças, parques, a quem formula políticas para a infância ou se dedica à pesquisa na área da infância, da educação, da arquitetura e da saúde. Interessa também a jovens e adultos, pais e mães, tias e avós, familiares e responsáveis que se preocupam com a qualidade dos espaços e dos objetos que estão ao alcance das crianças.

Na delicadeza da escrita, expressa-se a contribuição ética, política e social deste belo trabalho que chega a nossas mãos. Este livro é um convite!

APRESENTAÇÃO

*Meus olhos têm telescópios
espiando a rua,
espiando minha alma,
longe de mim mil metros.*
João Cabral de Melo Neto (2007, p. 23)

Olhar: fitar os olhos em, mirar, contemplar, encarar, examinar, observar, dirigir a vista a, prestar atenção a; estar voltado para, ocupar-se de, considerar. Para o poeta pernambucano, conhecido como arquiteto das palavras, o ato de olhar tinha muita importância. Ele entendia que cada poema era como um "quadro" e valorizava a beleza de cada palavra, escolhendo lugares precisos para colocá-las. O poeta também era andarilho e, em seus caminhos, seus "telescópios" olhavam o mundo de forma singular. A sua maneira de pensar o mundo e o olhar que lançava sobre ele eram únicos: só existiu um João Cabral de Melo Neto, poeta, pernambucano, andarilho.

O olhar não é passivo, não é um receber informações, um apenas assimilar o mundo, mas um ir e vir entre as experiências do sujeito e o mundo. Assim também se constitui o meu olhar, os olhares das crianças da instituição pesquisada, das e dos profissionais que lá atuavam, o seu de leitor ou leitora.

Este livro é resultado de uma pesquisa de mestrado realizada na Pontifícia Universidade Católica do Rio de Janeiro, concluída em 2015. Uma pesquisa escrita por mim, que traz o meu olhar sobre um campo empírico, um olhar que se constituiu no encontro com outros olhares. O caminho trilhado e percorrido na formação desse olhar, com todos os desafios que foram se impondo, será aqui apresentado acompanhando os seis passos descritos pelo filósofo Martin Buber (2011) no livro *O caminho do homem segundo o ensinamento chassídico*,[1] obra revisitada por mim por várias vezes durante a pesquisa.

O início do caminho, segundo Buber, é a *autocontemplação*, é saber onde se está, é a tomada de consciência de si, saber de onde se veio e para onde se vai, para, assim, assumir a responsabilidade pela própria vida.

Nascida e criada em Jacarepaguá, cursei o ensino fundamental, o ensino médio e o ensino superior em instituições públicas. O ensino fundamental foi cursado em escolas da prefeitura da cidade do Rio de Janeiro. A educação infantil foi vivida no Jardim de Infância Sonho de Criança, uma pequena escola privada que não mais existe, localizada no bairro da Praça Seca. A escola não era o sonho da minha mãe, leitora autodidata de Jean Piaget, Maria Montessori e outros autores que contribuíram para a visão da criança como centro do processo de ensino e aprendizagem. Em contrapartida, minha mãe levava meu irmão e eu frequentemente à Biblioteca Popular Municipal de Jacarepaguá. Além disso, para compensar os "trabalhinhos" da escola, sempre tive tintas, pincéis, giz de cera e papéis à disposição.

Como aluna da rede municipal de ensino, frequentava escolas em dois turnos: um turno como aluna e outro como filha de funcionária, pois minha mãe passou a trabalhar na função de animadora cultural num Centro Integrado de Educação Pública (Ciep). Além da minha mãe, a relação com meu pai, professor de língua portuguesa e literatura em

---

1. Chassidismo ou hassidismo é um movimento místico judaico, de origem popular, que reivindica a música, a dança e a alegria para entrar em contato com a espiritualidade.

escolas públicas, que acompanhou tão de perto minha formação da escola à pós-graduação, diz muito sobre o meu olhar.

Minha relação com escola sempre foi amistosa. Sempre vi escola como um lugar de possibilidades, um lócus privilegiado para transformação de realidades. Decidi ser professora cedo. Fiz o Curso de Formação de Professores em Nível Médio no Instituto de Educação do Rio de Janeiro (Ierj) e de Pedagogia na Universidade do Estado do Rio de Janeiro (Uerj). Ainda cursando a graduação, em 2003, comecei a trabalhar na rede municipal do Rio de Janeiro como professora. Nessa rede, atuei como professora e exerci diferentes funções em creches, Espaços de Desenvolvimento Infantil (EDIs), escolas com turmas de pré-escola, escolas exclusivas de educação infantil. Na rede municipal de Duque de Caxias, iniciei em 2006, logo após o término da graduação, como professora regente, também em turmas de educação infantil. Em 2010, assumi o cargo de orientadora pedagógica.

Foi a experiência como tutora do Programa de Formação Inicial para Professores em Exercício na Educação Infantil (ProInfantil) em 2010 e 2011 que me reaproximou dos espaços da academia. Iniciei a especialização em Educação Infantil na PUC-Rio em 2012 e, no ano seguinte, comecei o curso de mestrado na mesma instituição.[2]

"Cada homem traz algo de novo ao mundo, algo que não existia, algo sério e único" (Buber 2011, p. 16). O segundo passo é saber por qual caminho seu coração anseia, escolher o seu *caminho particular* com toda a disposição. Meu caminho particular foi escolhido ao iniciar a trilha de um caminho coletivo. Foi na inserção do grupo de pesquisa Infância, Formação e Cultura (Infoc), coordenado pelas professoras Sonia Kramer (PUC-Rio) e Maria Fernanda Nunes (Unirio), que passei a integrar no início do curso de mestrado, que as escolhas da pesquisa apresentada neste livro foram se delineando. O grupo, que tem como bases teóricas para o estudo da infância, das crianças e da educação os

---

2. No processo de edição deste livro, sou doutoranda do mesmo programa de Educação.

estudos da linguagem e os estudos culturais, especialmente os realizados por Walter Benjamin, Mikhail Bakhtin, Lev Vigotski[3] e Martin Buber, busca compreender crianças, jovens e adultos no mundo contemporâneo de forma sensível e ética.

A pesquisa aqui apresentada se situa no conjunto de teses e dissertações da pesquisa institucional "Estudos comparativos de interações, práticas e modos de gestão em creches, pré-escola e escolas", realizada de 2012 a 2016. Foram focalizadas, nela, interações e práticas de crianças e adultos, a fim de contribuir para enfrentar desafios relativos à qualidade das práticas de educação infantil, considerando-se as políticas públicas para infância e formação.

Muitas inquietações que me acompanhavam eram também do grupo e já tinham sido estudadas, pesquisadas e refletidas, mas nunca esgotadas. Baseada no estudo desses trabalhos e de outros desenvolvidos por grupos e instituições distintas, busquei projetar um caminho para a pesquisa que fosse único e contribuísse para discussões já iniciadas em vários lugares do país e do mundo. A angústia ao observar, durante minha trajetória profissional e em resultados de pesquisas, salas de instituições de educação infantil tomadas por mesas e cadeiras, sem espaço para as crianças, sem olhar para as suas necessidades e os seus desejos, mobilizou a escolha pelo tema. Dessa inquietação, imbuída do desejo de ouvir as crianças sobre o assunto, elaborei o objetivo geral da pesquisa: conhecer o que falam e fazem as crianças dos/nos espaços em práticas e interações nas instituições de educação infantil. Como as crianças se deslocam nos espaços disponíveis? Usam todos os espaços? Há espaços proibidos? O que as crianças expressam sobre os espaços?

Com o intuito de responder a essas questões, foram realizadas observações do cotidiano de uma turma de crianças de quatro anos, em um estabelecimento de educação infantil da rede pública de um município da Região Metropolitana do Rio de Janeiro. A instituição foi escolhida

---

3. O nome do autor tem sido grafado de diferentes formas na literatura científica ocidental, por tratar-se de outro alfabeto. Optou-se, neste livro, pela grafia "Vigotski", que tem sido utilizada ultimamente nas publicações no Brasil.

por indicação da equipe de educação infantil da Secretaria Municipal de Educação, e o critério foi possuir a melhor estrutura física da rede de ensino. A aproximação da perspectiva das crianças foi realizada por meio da fotografia. Para onde miram seus olhos? O que suas lentes capturam? As crianças foram convidadas a brincar de fotografar os espaços da instituição e analisar as fotografias que tiraram.

Buber (2011, p. 28) afirma que "a tarefa que fazemos deve ser feita com todos os membros, todo o ser deve estar envolvido, nada de si deve ficar de fora". O terceiro passo é a *determinação*: para realizar um *trabalho coerente*, é preciso unificar corpo e alma. Durante a pesquisa, fui "assaltada" por várias dificuldades internas. Segundo Buber (*ibid.*, p. 26), não é possível "proteger a alma de suas próprias contradições". Este livro busca apresentar, também, as minhas falhas durante a pesquisa, entendendo-as como parte do processo de minha formação como pesquisadora – ser humano, sujeito, pessoa.

Em alguns momentos da pesquisa, sobretudo durante o período de observação, foi necessário recolher a minha alma dispersa, para que fosse possível superar algumas contradições e estar presente, com uma "atenção relaxada" (*ibid.*, p. 27). O entendimento de que dependia de mim, de que a minha transformação ajudaria na transformação do mundo, de que era preciso *começar comigo mesma (nos pensamentos, na palavra e na ação)* – o quarto passo – fez que eu compreendesse a importância de me livrar de algumas "amarras", para mergulhar o olhar no campo empírico. O meu olhar para a instituição pesquisada e para as práticas que ali eram estabelecidas, muitas vezes distantes das concepções construídas por mim até então, inicialmente se assemelhava a um olhar de "justiceira" dos direitos das crianças, que marca a escrita da primeira parte do livro.

Na relação estabelecida com as crianças da turma pesquisada, o foco foi sendo direcionado para suas estratégias de resistência. Para tanto, foi importante o esforço de transformar o meu olhar, de mudar de perspectiva, de mirar nas crianças, no que elas apontam como possibilidades, e não apenas no que os adultos colocam como dificuldades.

"Começar consigo, mas não terminar consigo; partir de si, mas não ter a si mesmo como fim" (*ibid.*, p. 38). O quinto passo é *ocupar-*

se com o mundo. Pesquisar o que as crianças dizem sobre espaços, práticas e interações, para quê? A pesquisa é realizada em uma creche/pré-escola, contudo, suas características e as práticas dos profissionais que ali atuam não dizem apenas dessa instituição, mas de concepções de infância, de educação infantil, de políticas educacionais, do mundo onde vivemos. E, para que outro mundo seja possível, é necessário assumirmos o compromisso com o outro, com o coletivo, com o mundo. Hannah Arendt (2005) enfatiza a necessidade de nós, adultos/educadores, assumirmos a responsabilidade pelo mundo. A autora afirma que o adulto é percebido pela criança como representante das tradições, representante de um mundo que já existia quando a criança chegou a ele e que assumir a responsabilidade pelo mundo implica o adulto apresentar aos recém-chegados a herança do mundo e comprometer-se com ela. Não num sentido de conservadorismo, mas entendendo que é necessária alguma estabilidade para que seja possível transformá-lo. Para a autora, quando o adulto não assume o seu lugar de autoridade no mundo, ele abandona a criança à própria sorte e coloca o passado em risco de esquecimento. Ela defende, então, que precisamos assumir a responsabilidade por um mundo que é comum a todos em oposição à característica do mundo moderno em que o comum são apenas os interesses privados.

Tendo como horizonte um mundo socialmente justo e feliz, acompanhada das ideias de Buber e Arendt sobre me ocupar com o mundo e assumir a responsabilidade por ele, chego ao sexto e último passo: *aqui, onde estamos*, nas possibilidades do agora, em que a pesquisa (e a vida!) se concretiza.

É importante ressaltar que as imagens da instituição, produzidas por e entre olhares, não revelam o real em sua totalidade. São fragmentos que dizem sobre a realidade, sobretudo quando relacionados a outras pesquisas, evidenciando recorrências. Foram capturados numa tentativa de aproximação à perspectiva das crianças, marcados por um *modo de ver* que, como enuncia Alfredo Bosi (1999), altera o *objeto do olhar*. Mesmo preservando o anonimato, há de se ter o cuidado de não estigmatizar uma instituição, uma rede de ensino ou qualquer profissional da educação. Isso seria desconsiderar a diversidade e a complexidade da experiência humana num mundo em constante transformação. Ademais, as instituições e os profissionais não são os mesmos a todo o momento. A cada hora, a cada dia, a cada ano muita coisa muda, mas, também, muita coisa permanece em diferentes creches e escolas de nosso país. O propósito deste livro é contribuir para sensibilizar o olhar de educadores – professores e pais – e formuladores de políticas para a infância. Para isso, ninguém melhor que as próprias crianças, para que consigamos enxergar aquilo que, parafraseando Caetano Veloso, *ficamos cegos de tanto ver*.

Este livro, organizado em três partes, apresenta a instituição pesquisada num jogo de olhares: ora o meu olhar, ora os olhares das crianças, ora os nossos olhares juntos. A primeira parte focaliza os direitos das crianças através do meu olhar. A segunda apresenta as lentes teórico-metodológicas através das quais é lançado o olhar para o campo empírico: a psicologia histórico-cultural de Vigotski; a sociologia da infância por Corsaro, Ferreira e Sarmento; e a filosofia do diálogo de Buber. O olhar *das* crianças e *com* as crianças é descrito e analisado na terceira parte através das fotografias. Por fim, com base no que dizem as crianças, são apresentadas as conclusões mais relevantes do trabalho, no intuito de apontar caminhos que levem à qualidade de espaços, práticas e interações na educação infantil.

A pesquisa e este livro não seriam possíveis sem a acolhida das crianças, da professora da turma e dos demais profissionais da instituição pesquisada, pela qual devo imenso agradecimento. A orientação cuidadosa, sensível e responsável da professora Sonia Kramer, a participação dos integrantes do grupo de pesquisa Infoc, bem como o apoio da PUC-Rio e da Coordenação de Aperfeiçoamento de Pessoal de Nível Superior (Capes) também foram fundamentais para a realização deste trabalho. A todos, incluindo familiares e amigos, o meu mais profundo agradecimento.

1
CRIANÇA, ESPAÇO E EDUCAÇÃO INFANTIL

Qualquer dia, qualquer hora
Tempo e dimensão
O futuro foi agora
Tudo é invenção
Lenine

Capacidade de estar presente, de entregar-se à brincadeira sem medo de se perder, de estar inteira nas relações. Para as crianças, o tempo é o aqui e o agora. Materiais potencializam sua disposição de inventar e reinventar, de pensar o não pensado. Espaços, para elas, servem como palcos para interações, narrativas, criação. As palavras do músico-poeta Lenine remetem à disponibilidade da criança para viver a plenitude do presente.

E a dificuldade inicial da escrita? O que escrever? Como começar? As crianças me inspiram a brincar com as palavras. Engajar-me na escrita como a criança se engaja na brincadeira. Construir, desconstruir, reconstruir. Encontros com crianças e adultos suscitam novas reflexões, e o texto é escrito e reescrito. Assim, no movimento dialético e dialógico da vida, este livro vai tomando forma. Se as palavras do compositor pernambucano Lenine servem de epígrafe, as do poeta espanhol Antonio Machado (1983) me auxiliam a descrever o caminho: "Caminhante, são tuas pegadas o caminho e nada mais". Trago, nesta primeira parte do livro, o percurso e as mudanças de trajeto da construção do objeto da pesquisa, as pegadas até chegar à estrutura que se apresenta.

Esta primeira parte percorre um caminho que passa, inicialmente, pela apresentação do campo empírico: as crianças, os adultos e o espaço. São apenas os primeiros *flashes*, que trazem as primeiras impressões sobre a instituição. Em seguida, anda pela história dos últimos 30 anos de visibilidade das crianças nas políticas públicas brasileiras. Nesse trajeto, serão visitados quatro documentos nos quais são fixados os direitos das crianças no tocante ao espaço. A visita será acompanhada de um olhar sobre pesquisas que contribuem para pensar na qualidade de espaços institucionais de educação infantil. Durante todo esse percurso, não será perdido o foco sobre a instituição pesquisada. Por fim, justificam-se as escolhas teórico-metodológicas da pesquisa.

Primeiros flashes

A opção por trazer o caderno de campo tem como objetivo tanto brincar com os elementos da fotografia – instrumento metodológico privilegiado na pesquisa apresentada – quanto aproximar – numa tentativa – o leitor daquelas primeiras impressões, daqueles primeiros *flashes*, ainda sem o tratamento e o distanciamento das análises posteriores. As primeiras impressões se formam como aquele primeiro disparo ao fotografar a imagem, quase que como com nossos olhos: a primeira impressão que fica. O que o olho capturou do instante que viu...

A chegada à creche[1]

Finalmente, vou conhecer a creche. Aquela que, segundo a equipe de educação infantil da Secretaria Municipal de Educação (SME), tem

---

1. A instituição é denominada creche pela rede de ensino, mas tem duas turmas de pré-escola (crianças de quatro anos).

o melhor espaço físico. No caminho, imagino como será: colorida? Com parque, árvores, gramado? Sigo as indicações de uma amiga que conhece o local: acompanho a linha do trem, viro à esquerda, chego a uma área residencial, viro à direita e logo avisto a creche. Cheguei. O muro baixo com grades permite que a creche seja vista da rua. Paro em frente e observo uma ampla área externa, a maior parte gramada. A creche é pintada da mesma cor dos postos de saúde da prefeitura: azul claro da metade para cima e azul mais escuro da metade para baixo, com uma faixa amarela dividindo os dois tons de azul. Não vejo gente nem ouço barulho. O portão está fechado, mas há uma campainha. Toco e uma funcionária de expressão simpática vem falar comigo. Explico o que me levou até lá e pergunto se posso falar com a diretora. Ela abre o portão e pede para eu aguardar um pouco no *hall* de entrada. Enquanto espero, observo um *banner* com fotos de festas na parede. O título é "Cirandando nas memórias da creche", e as festas estão decoradas com personagens da Disney ou com a Galinha Pintadinha. No chão, patinhas de coelho coladas indicam que a Páscoa foi tema de trabalho nos últimos dias. No interior do prédio, as paredes são todas pintadas de azul claro.

A professora da sala de recursos vem em minha direção com um sorriso no rosto. Diz que também fez mestrado e se mostra receptiva. Explica que a diretora não está; saiu para ir ao médico. A creche não tem vice-diretora. Não é dia da orientadora pedagógica, que, pela carga horária, trabalha duas vezes por semana. A professora relata que os espaços da creche estão sendo faxinados e está "tudo um pouco fora do lugar". Ela explica que, no dia seguinte, acontecerá um grupo de estudos com a presença da equipe de educação infantil da SME e a creche servirá como polo, recebendo as profissionais das creches do entorno. Pergunto se ela pode me apresentar à creche. Prontamente, diz que sim. Começamos, então.

Perpendicular ao *hall*, está um corredor amplo com portas nos dois lados. Não vejo crianças nem ouço barulho. Viramos à esquerda, entramos no banheiro: vasos sanitários de tamanho apropriado para crianças e pias de tamanho apropriado para adultos. Sem que eu pergunte, a professora explica que já tentaram pedir à SME para fazer obra nas pias e colocá-las na altura das crianças, mas só conseguiram adaptar os vasos sanitários. Seguimos, a fim de olhar as salas das turmas. São quatro de um lado: duas de crianças de dois anos e duas de crianças de três anos. Essas turmas permanecem na creche em horário integral. Tenho a mesma impressão de todas as salas: mesas ocupando a maior parte do espaço, crianças sentadas nas cadeiras, alfabetários feitos por adultos, emborrachados com personagens de desenhos animados afixados nas paredes e poucos brinquedos. Do mesmo lado do corredor, há também banheiro para os adultos. Seguimos à direita: secretaria, sala da direção, dos professores, da orientadora pedagógica, mais um banheiro para crianças, consultório (a pediatra vem uma vez por semana), uma sala de turma de crianças de três anos que ficam na creche em horário integral e outra de crianças de quatro anos que permanecem em horário parcial (uma no turno da manhã e outra no turno da tarde).

Nas paredes dos corredores, há pinturas feitas por adultos (crianças sorrindo, bolas, pincéis, flores). Pintado na parede, bem no alto, "Coisas de crianças" e, abaixo, um varal na altura de visão de adultos, com cartazes de atividades pendurados. Nos cartazes, lista de produtos de higiene com destaque nas letras iniciais e desenhos feitos por adultos ao lado de cada palavra. No final do corredor, ao lado direito, mais uma frase pintada: "Tudo que Deus faz é genial. Isso inclui... Você!".

Seguindo em frente, no meio do corredor, na direção contrária ao *hall* de entrada, há um pátio coberto, cimentado, aberto ao gramado nos lados direito e esquerdo. A professora diz que ali ficam os brinquedos de parquinho. Eles estão num canto, porque o espaço será utilizado para a reunião do dia seguinte.

À frente, há outro prédio. Um corredor único, com portas dos dois lados. Do lado esquerdo: refeitório amplo, cozinha, despensa e lavanderia. Do lado direito: sala de leitura, vestiários de adultos e sala de vídeo. Na sala de leitura, há apenas uma estante alta com poucos livros. A professora explica que a creche está sem professora de sala de leitura, porque o prefeito atual, quando eleito, em vez de realizar concurso (o último foi há oito anos), ordenou que todos os professores que estivessem em função fora de turma retornassem para a sala de aula, em razão da falta de professores na rede. Na sala de vídeo, uma TV e uma estante com videocassetes. Não há cadeiras. A professora diz que as colegas colocam colchonetes para as crianças se sentarem. Ambas as salas são pequenas. No final do corredor, há uma varanda, que funciona como bicicletário, e "espaço de socialização dos adultos", segundo a professora. A apresentação da creche se encerra ali, na varanda. O espaço externo, que ocupa a maior parte da creche, não é apresentado. Ela me entrega o telefone da orientadora pedagógica para eu combinar um dia para voltar e conversar (Caderno de campo, 28 de abril de 2014).

Um pouco mais sobre a creche

Chego à creche no horário em que os profissionais estão almoçando e as crianças, dormindo. O dia anterior foi feriado, e a frequência de crianças, nesse dia, é baixa. Por isso, foram agrupadas em uma única sala. Digo ao porteiro que gostaria de falar com a orientadora pedagógica. Ele pede para eu aguardar um pouco, porque ela está almoçando e, gentilmente, coloca uma cadeira no corredor do primeiro prédio para eu me sentar. Enquanto aguardo sentada, as profissionais da creche passam, retornando do almoço, e me cumprimentam com um sorriso simpático. Uma mulher com ar sério e passo firme pergunta quem estou esperando. Deduzo que seja a diretora e apenas respondo à pergunta, dizendo que aguardo a orientadora pedagógica. Ela pede para eu aguardar dentro da sala de professores. Percebo uma movimentação de pessoas pegando cadeiras e concluo que acontecerá uma reunião no corredor. A orientadora pedagógica chega à sala dos professores, apresenta-se e pede para eu aguardar mais um pouco, pois precisa dar alguns informes na reunião. Digo que estou sem pressa. Ela retorna cerca de 20 minutos depois e se mostra muito solícita. Apresento o projeto e a carta de autorização da SME. Conto um pouco dos objetivos da pesquisa e explico que preciso observar o cotidiano de uma turma de crianças de quatro anos, que, depois, farei uma oficina de fotografia com elas e que tenho preferência pelo horário da manhã. São apenas duas turmas de crianças nessa faixa etária, e ela diz que também prefere que eu fique na turma da manhã, pois a professora da tarde está entrando de licença-maternidade. Ela fala um pouco sobre a creche: cada turma tem até 20 crianças; todas as turmas são atendidas por uma professora e auxiliares. Todas as professoras são concursadas, e há auxiliares concursadas e contratadas. As turmas de horário integral têm professora apenas no turno da manhã, e as de horário parcial são atendidas por uma professora e uma auxiliar. Além dessas profissionais, há cuidadoras contratadas pela prefeitura para assistir as crianças com deficiência. Sobre os espaços, ela apresenta quadros de horário que organizam o uso dos espaços além da sala da turma. Adianta: "É preciso ficar insistindo para que as educadoras saiam das salas com as crianças". O que se faz nesses espaços é chamado de "atividade diversificada". Pergunto, também, se existem uma planta baixa da creche e registros sobre a história da instituição. Ela pergunta à diretora, e a resposta é negativa (Caderno de campo, 2 de maio de 2014).

ROTINA DAS TURMAS DA CRECHE[2]

ROTINA	Turmas 21 e 22	Turmas 31, 32 e 33	Turma 41 (manhã) Turma 42 (tarde)
Entrada	7h	7h	7h
Desjejum	7h40 às 7h55	7h25 às 7h40	7h10 às 7h25
Troca de roupa	7h às 7h40	7h às 7h25 e 7h40 às 8h	—
Atividade pedagógica	7h40 às 8h e 8h30 às 10h20	8h às 10h30	7h25 às 10h
Atividade diversificada	8h às 8h30	10h30 às 11h	10h às 10h30
Almoço	10h20 às 10h40	11h às 11h20	10h40 às 11h
Higiene bucal	10h40 às 10h50	11h20 às 11h30	Saída às 11h, após a higiene bucal.
Repouso	10h50 às 12h30	11h30 às 13h10	—
Lanche	13h30 às 13h45	13h20 às 13h30	13h10 às 13h20
Atividade recreativa	14h às 14h30	13h30 às 14h	Atividade diversificada 15h50 às 16h20
Banho	14h30 às 15h30	14h às 15h	—
Atividade tranquila: brinquedo, massinha, historinha...	—	15h às 16h	—
Jantar	15h40 às 16h	16h às 16h20	15h20 às 15h40
Higiene bucal	16h às 16h10	16h20 às 16h30	15h40 às 15h50
Brinquedos	16h10 às 16h45 ou atividade tranquila	16h30 às 16h50	
Saída	16h40 às 17h	16h45 às 17h	16h50 às 17h

Fonte: Informações cedidas pela instituição.

---

2. O número que identifica as turmas é o utilizado como padrão pela Secretaria Municipal de Educação.

HORÁRIO DAS ATIVIDADES DIVERSIFICADAS

TURMAS	2ª feira	3ª feira	4ª feira	5ª feira	6ª feira
21	8h às 8h30 Parque 8h30 às 9h Sala de vídeo	8h às 8h10 Hinos 8h10 às 8h50 Atividade coletiva ou brincadeira dirigida	8h às 8h30 Parque 8h30 às 9h Bandinha	8h às 8h30 Sala de leitura 8h30 às 9h Brincadeira livre	8h às 8h30 Parque
22	8h às 8h30 Sala de vídeo 8h30 às 9h Parque		8h às 8h30 Bandinha 8h30 às 9h Parque	8h às 8h30 Brincadeira livre 8h30 às 9h Sala de leitura	8h30 às 9h Parque
31	9h30 às 10h Sala de vídeo 10h30 às 11h Parque	9h às 9h10 Hinos 9h10 às 9h50 Atividade coletiva ou brincadeira dirigida	9h30 às 10h Bandinha 10h30 às 11h Parque	8h às 8h30 Brincadeira livre 10h30 às 11h Sala de leitura	10h30 às 11h Parque
32	9h às 9h30 Parque 10h30 às 11h Sala de vídeo		9h às 9h30 Parque 10h30 às 11h Bandinha	9h às 9h30 Sala de leitura 10h30 às 11h Brincadeira livre	9h30 às 10h Parque
33	9h às 9h30 Sala de vídeo 9h30 às 10h Parque	10h às 10h10 Hinos 10h10 às 10h40 Atividade coletiva ou brincadeira dirigida	9h às 9h30 Bandinha 9h30 às 10h Parque	9h às 9h30 Brincadeira livre 9h30 às 10h Sala de leitura	9h às 9h30 Parque
41	10h às 10h30 Sala de vídeo		10h às 10h30 Bandinha	10h às 10h30 Sala de leitura	10h às 10h30 Parque
21	14h às 14h30 Brincadeira dirigida	14h às 14h30 Brincadeira livre	14h às 14h30 Cantigas de roda	14h às 14h30 Vídeo	14h às 14h30 Parque
22	14h às 14h30 Brincadeira livre	14h às 14h30 Parque	14h às 14h30 Cantigas de roda	14h às 14h30 Brincadeira dirigida	14h às 14h30 Vídeo
31	13h25 às 13h55 Brincadeira dirigida	13h25 às 13h55 Brincadeira livre	13h25 às 13h55 Cantigas de roda	13h25 às 13h55 Vídeo	13h25 às 13h55 Parque
32	13h25 às 13h55 Brincadeira livre	13h25 às 13h55 Parque	13h25 às 13h55 Cantigas de roda	13h25 às 13h55 Brincadeira dirigida	13h25 às 13h55 Vídeo
33	13h25 às 13h55 Parque	13h25 às 13h55 Vídeo	13h25 às 13h55 Cantigas de rodas	13h25 às 13h55 Brincadeira livre	13h25 às 13h55 Brincadeira dirigida
42	15h50 às 16h20 Sala de vídeo	15h50 às 16h20 Brincadeira dirigida	15h50 às 16h20 Bandinha	15h50 às 16h20 Sala de leitura	15h50 às 16h20 Parque

Fonte: Informações cedidas pela instituição.

ESPAÇOS ONDE DEVERÃO ACONTECER AS ATIVIDADES

	ATIVIDADE	ESPAÇO
Manhã	Sala de vídeo	Sala de vídeo
	Sala de leitura	Sala de leitura
	Parque	Pátio coberto
	Brincadeira livre	Pátio coberto
	Atividade coletiva ou brincadeira dirigida	Pátio coberto
	Bandinha	Varanda nos fundos
Tarde	Vídeo	Sala de vídeo
	Parque	Pátio coberto
	Brincadeira dirigida	Espaço com sombra
	Brincadeira livre	Varanda nos fundos
	Cantigas de roda	Pátio coberto ou espaço com sombra

Fonte: Informações cedidas pela instituição.

Enfim, as crianças

Ansiedade e curiosidade. É o que sinto no caminho para o primeiro dia de observação. Como as crianças me receberão? Como será a professora? Eu, professora e coordenadora de creches e escolas de educação infantil há mais de uma década, conseguirei ter uma postura de pesquisadora num ambiente tão familiar para mim? Chego à creche às 9h30. Procuro a orientadora pedagógica para me encaminhar até a sala, apesar de já saber qual será. Ela não está. A professora da sala de recursos, a mesma que me recebeu no primeiro dia, me acompanha. Chego à sala e há seis crianças com uma auxiliar (Roberta).[3] A professora não está. Digo o que estou fazendo ali, e ela me diz para ficar à vontade. As crianças estão brincando, sentadas nas cadeiras. Penso em conversar com elas, mas percebo-as concentradas e resolvo me sentar também em uma cadeira. Organização da sala: mesas e cadeiras ocupam a maior parte do espaço. Há quadro-negro alto, com alfabeto colorido acima. Próxima ao quadro, está a mesa da professora. As estantes são altas e há poucos brinquedos. Nas paredes, Galinhas Pintadinhas para todos os lados...

---

3. Os nomes verdadeiros foram substituídos por nomes fictícios.

Pergunto à Roberta quantas crianças tem a turma. Ela diz que são 15 (10 meninos e 5 meninas). A quantidade é reduzida, segundo ela, "porque tem os especiais". Acrescenta: "A inclusão é boa para eles, mas ruim para os outros, pois eles atrapalham". Pergunto sobre a quantidade reduzida de crianças hoje, e ela explica: "Teve reunião e homenagem às mães. Os responsáveis que quiseram levar as crianças mais cedo levaram. Ficaram as que sobraram".

As crianças me olham curiosas, mas ainda não vêm falar comigo. Santiago está sentado em uma mesa individual, adaptada para cadeirante (há uma criança que utiliza cadeira de rodas na turma, o Levi, mas não está presente). Santiago brinca com peças de madeira em cima da mesa e fala sobre o que está fazendo. Não se dirige a mim, olha-me algumas vezes e parece querer que eu o ouça. Aproximo-me e sento-me ao seu lado, no chão. Ele diz, sem olhar para mim: "Estou brincando de castelo, mas as peças estão escorregando" (a mesa é inclinada).

Eduardo se aproxima de mim com alguns materiais nas mãos (tampa de pote de sorvete, peças de quebra-cabeça, massinha). Coloca tudo próximo a mim e senta-se no chão. É o único que está descalço. Pede minha caneta e uma folha do meu caderno e diz que vai me desenhar. Enquanto ele desenha, Santiago diz: "Ele não sabe fazer. Está sem cabelo!". Eduardo, então, faz o meu cabelo no desenho. Roberta está distante, sentada na mesa de professor, e vê que Eduardo está sentado no chão e pergunta em tom alto: "Eduardo, está sentado no chão?". Olha para mim, vê que também estou sentada e, em tom mais baixo, diz: "Cuidado, para não se sujar". Eduardo e eu começamos a brincar. Minha caneta ganha uma bola de massinha na ponta e vira pirulito. Eduardo que fez e deu para eu lamber, cantando a música "Pirulito que bate, bate...". Santiago se aproxima e também se senta no chão ao meu lado. Pergunta se quero brincar de jogar bolinha. Aceito e ficamos jogando uma bolinha um no colo do outro. Roberta se aproxima e diz, na frente de todos, que Santiago tem problemas, é autista. Fala das crianças, apontando para elas e sinalizando o que considera problemas ("aquele teve problema no parto, esse é largado..."). Eduardo pega na estante um tambor de lata, e minha caneta vira baqueta. Santiago também quer batucar e canta uma música que parece inventar na hora. Anderson se aproxima e também me pede uma folha. Aguarda que Eduardo lhe entregue a caneta. Quando consegue a caneta, escreve MAE e algumas letras espalhadas pela folha. Não desenha. Eduardo pega a caneta de volta e rabisca a mão. Rabisca muito e cheira. Depois, aproxima a mão do meu nariz para eu cheirar. Roberta diz: "Ele só sabe fazer isso, rabiscar a mão. Quando é trabalhinho mesmo, com intenção de fazer letra, ele amassa e joga fora".

As outras crianças também querem os instrumentos feitos de sucata que estão na prateleira alta da estante. Roberta diz que ela que os fez para distrair as crianças. Ela escolhe com o que cada criança vai brincar e entrega os instrumentos nas mãos delas, dizendo: "Eles gostam disso, de fazer barulho!". As crianças começam a batucar e ela canta:

Havia um homenzinho torto
Morava numa casa torta
Andava num caminho torto
Sua vida era torta.
Um dia o homenzinho torto
A bíblia encontrou
E tudo que era torto
Jesus endireitou.

Roberta diz: "A hora passou rápido. Dez e meia já. Vamos para o almoço!". Despeço-me das crianças e de Roberta e todos vão para o refeitório (Caderno de campo, 16 de maio de 2014).

Enquadramentos iniciais

Enquadramento, na fotografia, significa composição – a seleção e o arranjo do assunto fotografado. A partir dos primeiros "disparos", são experimentados alguns ângulos e exploradas hipóteses de posicionamento antes de escolher onde o foco será aproximado.

Nunca entrei em uma instituição de educação infantil com um espaço tão amplo. Entretanto, tive a sensação de que apenas o prédio é frequentado. Apesar de eu ter sido recebida com sorrisos simpáticos, a estrutura física não é acolhedora. Há uma frieza da institucionalidade, percebida nas cores das paredes, nos armários de ferro, nas poucas marcas das pessoas que compartilham o espaço, nas Galinhas Pintadinhas e nos Mickeys nas paredes, nas muitas mesas e cadeiras que não convidam a sentar-se e a conversar, que não favorecem o encontro e são pensadas apenas para a burocracia, o cumprimento de tarefas, a instrução.

Não há precisão de quando a creche foi construída, pois não existem registros de sua história. Apenas uma placa na entrada indica a data de inauguração do prédio atual: 12 de agosto de 2003. Entretanto, a história da creche está presente na memória de algumas funcionárias e se entrelaça com a vida delas:

> Sou auxiliar há 23 anos e sempre trabalhei nesta creche, que antes funcionava numa casinha aqui na rua ao lado. Fiz o concurso em 1989, o único para a função que teve na rede. Sempre trabalhei com turmas de crianças com cinco anos e, até 1995, trabalhava sozinha em turma, sem professora. Eu fiz curso de formação de professores, mas não precisava ter para fazer o concurso. (Caderno de campo, 21 de maio de 2014)

Esse entrelaçamento aparece ainda na religião. A frase "Tudo que Deus faz é genial. Isso inclui... Você!", pintada na parede, também desperta a minha atenção. Alguns estudos discutem a presença de práticas religiosas em instituições de educação infantil (Barbosa 2013, Branco 2012 e Nascimento *et al.* 2011). Considerando que tomar uma religião como referência nega a diversidade e descumpre a legislação,[4]

---

4. Sobre isso, Barbosa (2013, pp. 126-128) discorre: "O Brasil nasce sob a influência da religião. Seja pela ligação entre Igreja e Estado, seja pela catequese dos índios feita pelos jesuítas, a institucionalização da educação sempre teve forte caráter religioso. A separação entre Igreja e Estado aparece na 2ª Constituição, em 1891. Desde então o Brasil se constitui como Estado democrático e laico, o que implica a ação pública democrática e laica. As escolas públicas são concebidas e constituídas por ações do Estado, consequentemente, devem ser também democráticas e laicas. Mesmo facultativo, o ensino religioso esteve presente em todas as Leis de Diretrizes e Bases

questiono: Como serão as práticas dessa instituição? Será que as crianças rezam ou cantam músicas que fazem referência à determinada religião? Essas indagações se confirmam logo no terceiro dia de observação. As músicas religiosas, especialmente as voltadas para o público infantil, foram ouvidas durante todo período de observação.

No que diz respeito à legislação da educação especial,[5] há cumprimento da lei com atendimento em sala de recursos,[6] mas a fala da auxiliar de que "os especiais atrapalham" indica que ainda são necessários avanços. Sobre isso, Drago (2005) observa a existência de preconceitos, dúvidas, medos em relação ao modo pelo qual as crianças com deficiência aprendem e se desenvolvem. A inclusão, segundo o autor, é vista como um processo meramente socializador e enfatiza que é necessária uma inclusão para todos, para além da deficiência. Para que essa prática se concretize, é preciso considerar algumas questões: Quais os espaços de formação e diálogo para que os profissionais repensem suas práticas? Em que medida existe um isolamento no desenvolvimento desse trabalho?

A fala da orientadora pedagógica – "É preciso ficar insistindo para que as educadoras saiam das salas com as crianças" – indica que há um

---

no Ensino Fundamental. (...) O ensino religioso no ensino fundamental tem gerado tensões e polêmicas e está longe de apontar uma saída democrática, que respeite as diferenças religiosas presentes na cultura brasileira. Entretanto, no que diz respeito à educação infantil, não há referência ao ensino religioso na legislação".

5. Art. 58. Entende-se por educação especial, para os efeitos desta Lei, a modalidade de educação escolar, oferecida preferencialmente na rede regular de ensino, para educandos portadores de necessidades especiais.

§1º Haverá, quando necessário, serviços de apoio especializado, na escola regular, para atender as peculiaridades da clientela de educação especial.

§2º O atendimento educacional será feito em classes, escolas ou serviços especializados, sempre que, em função das condições específicas dos alunos, não for possível a sua integração nas classes comuns do ensino regular.

§3º A oferta da educação especial, dever constitucional do Estado, tem início na faixa etária de zero a seis anos, durante a educação infantil (Brasil 1996a).

6. Serviço de apoio pedagógico especializado em salas organizadas de forma que o professor ou a professora da Educação Especial possa realizar a complementação e/ou suplementação curricular, utilizando equipamentos e materiais específicos (Brasil 2001).

esforço da parte dela para que as crianças aproveitem o pátio, o verde, a luz do dia. Esse esforço é percebido pela organização em quadros de atividades diversificadas relacionadas ao uso dos espaços além das salas da turma. O diversificado, entretanto, é instituído previamente, para que seja cumprido pelas educadoras; sair da sala significa diversificar. Nos três primeiros dias, quase não observei crianças circulando pelos corredores ou no pátio. As crianças de dois a quatro anos estavam guardadas nas salas, sentadas nas cadeiras com brinquedos sobre as mesas ou dormindo.

E a sala de leitura? Não há um profissional na creche para se dedicar a organizar e dinamizar o acervo, e quase não são observados livros na instituição. Qual o valor dado à leitura e ao trabalho com a literatura no âmbito da política, quando não há garantia desse profissional na creche ou na escola?

Já as crianças brincam como podem e fazem da brincadeira mecanismo de interação. Algumas, como Eduardo, desde o início, escapavam do controle institucional: andavam descalças, sentavam-se no chão, sujavam-se, levantavam-se das cadeiras quando desejavam. Outras não conseguiam o mesmo e se mostravam apáticas em alguns momentos. É bom lembrar: as crianças dessa turma tinham quatro anos em 2014!

As primeiras idas à creche trazem sentimentos ambíguos: curiosidade, desconforto, alegria em estar com as crianças, vontade de olhar de novo e de novo... As pessoas são simpáticas e acolhedoras, mas o espaço, apesar do tamanho privilegiado, não acolhe. De início, percebe-se alguma distância em relação a determinações legais, como: presença de uma religião no cotidiano da instituição, não reconhecimento do direito da pessoa com deficiência a estar ali, poucos brinquedos, pouca oportunidade para brincar. No caminho da pesquisa, outras questões me acompanham: Qual a distância ou a aproximação da creche pesquisada com as orientações oficiais? O que observei nessa creche se aproxima do que apontam outras pesquisas do campo da educação infantil? Essas questões serão abordadas no item seguinte, numa tentativa de olhar para o campo com as lentes da legislação, que determinam que as crianças têm direitos, e com o que apontam pesquisas, que contribuem para pensar a qualidade das instituições de educação infantil.

Em foco, os direitos das crianças

Anunciar o caminho a ser percorrido para chegar aos documentos que tratam do espaço é a primeira tarefa a ser cumprida, associada à visibilidade das crianças nas políticas públicas brasileiras. Tratar do espaço, vale ressaltar, não significa tratar do espaço deslocado de um contexto maior; significa abordar tudo e todos os elementos e sujeitos que nele atuam e interagem. Isso impõe rever a história das crianças em políticas sociais no Brasil ao longo dos últimos 30 anos.

Caminhos pós-abertura política:
Crianças como sujeitos de direitos

Ao longo da década de 1980, no Brasil, com o processo de redemocratização em curso e sob forte impacto dos movimentos sociais, o debate sobre os direitos das crianças é colocado no centro da cena. Dá-se início, nesse importante momento de mobilização da sociedade brasileira em prol dos direitos das crianças, à construção, à organização e à apresentação de propostas que buscassem sua garantia. A *Constituição da República Federativa do Brasil* (Brasil 1988) é a primeira a reconhecer a educação infantil como dever do Estado, direito social das crianças e opção da família. No artigo 208, é fixado o dever do Estado quanto à educação e à garantia de seu oferecimento. Inicialmente, a educação infantil não é incluída no texto constitucional de 1988. Em 2006, é incorporada por meio da emenda constitucional n. 53, de 19 de dezembro, com o acréscimo do inciso IV ao artigo 208. O Estatuto da Criança e do Adolescente (ECA) (Brasil 1990), bem como a Lei de Diretrizes e Bases da Educação Nacional (LDBen) (Brasil 1996a), na qual a educação infantil é fixada como primeira etapa da educação básica, regulamentam a conquista de movimentos sociais, refletida na Constituição de 1988. A partir de então, o Brasil adere formalmente à "concepção de criança como sujeito de direitos, detentor de potencialidades, em sintonia com as normativas internacionais: Declaração Universal dos Direitos da Criança (Unicef 1959) e Convenção sobre os Direitos da Criança (ONU/

Unicef 1989)" (Leite Filho 2001, p. 31). Silva e Rossetti-Ferreira (1998, p. 179) observam que não se trata apenas de uma nova legislação: "São novos valores, novos rumos, novas bases teóricas e filosóficas, novos conhecimentos, novos relacionamentos".

Em 1993, o Ministério da Educação (MEC) delineia pela primeira vez uma *Política nacional de educação infantil* (Brasil 1993), propondo diretrizes norteadoras de propostas pedagógicas voltadas ao desenvolvimento da criança, às interações entre as crianças, à autoestima e à identidade, ao respeito à diversidade de expressões culturais, ao brincar como modo privilegiado de aprendizagem e desenvolvimento, ao trabalho cooperativo. Em 1995, o documento *Critérios para um atendimento em creches que respeite os direitos fundamentais das crianças* (Brasil 1995) reitera essas finalidades, estabelecendo parâmetros para garantir a qualidade na educação infantil, particularmente nas creches: critérios de organização e funcionamento, enfocando as práticas com as crianças; critérios relativos à definição de diretrizes e normas políticas, programas e sistemas de financiamento de creches.

Em 1998, em meio a intensos debates, é publicado o *Referencial curricular nacional para a educação infantil* (RCNei) (Brasil 1998). Esse material, em três volumes, configura-se como um documento no qual são apresentadas recomendações para as práticas pedagógicas, organizadas em dois eixos: Formação Pessoal e Social, que prioriza um trabalho que favoreça os processos de construção da identidade e da autonomia das crianças, e Conhecimento de Mundo, que visa contribuir para a construção das diferentes linguagens pelas crianças e para as relações que estabelecem com os objetos de conhecimento: movimento, música, artes visuais, linguagem oral e escrita, natureza e sociedade e matemática. No que se refere ao espaço, há orientações para o trabalho com cada área do conhecimento.[7]

Logo em seguida, o Conselho Nacional de Educação institui as *Diretrizes curriculares nacionais para a educação infantil* (DCNeis)

---

7. Sobre as análises críticas ao RCNei, ver Faria e Palhares (1999).

(Brasil 1999). Com força de lei, essas diretrizes têm o mérito de consolidar a discussão em torno da importância da qualidade da educação infantil como requisito inequívoco para o cumprimento do direito das crianças.

Em 2006, o MEC publica o documento *Política nacional de educação infantil: Pelo direito das crianças de zero a seis anos à educação* (Brasil 2006b), que visa orientar os municípios a investir na educação infantil como política pública. No mesmo ano, o MEC publica os *Parâmetros básicos de infra-estrutura para instituições de educação infantil* (Brasil 2006c), a fim de subsidiar os sistemas de ensino em adaptações, reformas e construções de espaços para realização da educação infantil. Nessa mesma direção, os *Parâmetros nacionais de qualidade para a educação infantil* (Brasil 2006d), definidos pelo MEC ainda em 2006, significam avanço nesse processo de gradativa construção de consensos do ponto de vista teórico, político e prático.

Com a lei federal n. 11.274, de 6 de fevereiro de 2006, o ensino fundamental passa a ter a duração de nove anos, incluindo obrigatoriamente as crianças de seis anos (Brasil 2006a). No sentido de orientar professores e gestores para essa mudança, a Secretaria de Educação Básica, por intermédio do Departamento de Políticas de Educação Infantil e Ensino Fundamental e da Coordenação Geral do Ensino Fundamental, publica, em 2007, o documento intitulado *Ensino fundamental de nove anos: Orientações para a inclusão das crianças de seis anos de idade* (Brasil 2007a). Sete anos depois, a obrigatoriedade do ensino passa a ser dos 4 aos 17 anos, com a lei federal n. 12.796, de 4 de abril de 2013 (Brasil 2013).

Em 2007, é instituído pela resolução CD/FNDE n. 6, de 24 de abril (Brasil 2007b), o *Programa nacional de reestruturação e aquisição de equipamentos para a rede escolar pública de educação infantil – Proinfância* como uma das ações do Plano de Desenvolvimento da Educação (PDE), visando à garantia de acesso de crianças a creches e pré-escolas públicas, bem como à melhoria de sua infraestrutura física. Com base na premissa do regime de colaboração, os municípios interessados podem firmar um convênio com o MEC para receber assistência técnica e financeira do Fundo Nacional de Desenvolvimento da Educação

(FNDE)[8] para a construção de creches e pré-escolas e a aquisição de equipamentos e mobiliário.[9]

Ainda em 2007, é sancionada a lei federal n. 11.494, de 20 de junho, que institui o Fundeb (Brasil 2007c), ao alterar a lei federal n. 9.424, de 24 de dezembro de 1996, que criara o Fundef (Brasil 1996b): se, nesta, apenas o ensino fundamental é contemplado, naquela, a educação básica é totalmente abrangida. A vigência da lei n. 11.494/2007 é estendida até o ano de 2020, e os recursos alcançam a educação infantil, o ensino fundamental, o ensino médio, a educação especial e a educação de jovens e adultos. As regulamentações legais da educação infantil e a instituição do Fundeb vêm tendo significativo impacto nos sistemas de ensino e ratificam – 20 anos depois da Constituinte – a possibilidade de garantir efetivamente condições para a implementação dos direitos das crianças de zero a seis anos à educação infantil em creches, pré-escolas e escolas.

A opção por inserir o atendimento educacional às crianças de zero a três anos obedece às concepções fixadas na Constituição de 1988 e em leis que regulamentam dispositivos constitucionais. Do ponto de vista pedagógico, esse aspecto diz respeito à continuidade do processo nas faixas de zero a três anos e de quatro a seis anos, sob a mesma política, o mesmo setor, a mesma orientação técnica e pedagógica. Nesse sentido, vem se delineando a concepção de "estabelecimentos de educação infantil" para crianças de zero a seis anos, no mesmo espaço, com os necessários e adequados ambientes específicos para as diferentes faixas etárias. A intenção é evitar uma ruptura na trajetória educacional das crianças. A crescente tendência desse tipo de estabelecimento educacional nos sistemas municipais de ensino vem consolidando a concepção de educação infantil como etapa única indivisível.

---

8. Em 2011, o Proinfância é incluído na segunda etapa do Programa de Aceleração do Crescimento (PAC-2).
9. Os impactos do programa no estado do Rio de Janeiro foram analisados pelo grupo de pesquisa Educação Infantil & Políticas Públicas, coordenado pela professora Maria Fernanda Rezende Nunes na Universidade Federal do Estado do Rio de Janeiro (Unirio). Os resultados das análises estão disponíveis no relatório de pesquisa publicado (Nunes et al. 2015).

Finalmente, em 2009, a publicação *Critérios para um atendimento em creches que respeite os direitos fundamentais das crianças* (Brasil 2009b) é reeditada. Essa segunda edição é composta de duas partes: a primeira contém critérios relativos à organização e ao funcionamento interno das creches, concernentes, sobretudo, às práticas concretas adotadas no trabalho direto com as crianças; a segunda explicita critérios relativos à definição de diretrizes e normas políticas, programas e sistemas de financiamento de creches, tanto governamentais como não governamentais. No mesmo ano, o MEC publica os *Indicadores de qualidade na educação infantil* (Brasil 2009c). Essa publicação se caracteriza como um instrumento de autoavaliação da qualidade das instituições de educação infantil, por meio de um processo participativo e aberto a toda a comunidade. Ainda em 2009, a resolução CEB n. 1, de 1999, é revisada e resulta na resolução n. 5, de 17 de dezembro de 2009 – as atuais *Diretrizes curriculares nacionais para a educação infantil* (Brasil 2009a). Estas incorporam os avanços presentes na política, nas ações e nas conquistas de movimentos sociais e de estudos e pesquisas acadêmicas. No ano seguinte, o MEC organiza uma publicação (Brasil 2010) destinada a contribuir para a divulgação das DCNeis.

Em 2011, é criado o grupo de trabalho (GT) de Avaliação da Educação Infantil, instituído pela portaria ministerial n. 1.147/2011, visando propor diretrizes e metodologias de avaliação na e da educação infantil, analisar diversas experiências, estratégias e instrumentos de avaliação da educação infantil e definir cursos de formação sobre avaliação na educação infantil para compor a oferta da Rede Nacional de Formação Continuada de Professores. A criação desse GT decorreu da necessidade de subsidiar a inclusão da educação infantil, considerando-se as especificidades dessa etapa, nas formulações sobre a política nacional de avaliação da educação básica. O resultado do trabalho desenvolvido está no texto intitulado *Educação infantil: Subsídios para construção de uma sistemática de avaliação* (Brasil 2012a).

Com o objetivo de apoiar os profissionais de educação infantil e as secretarias de Educação na implementação do artigo 7º, inciso V, das

DCNeis, que determina que as propostas pedagógicas dessa etapa estejam comprometidas com o rompimento de relações de dominação étnico-racial, o MEC publica dois textos: *Educação infantil, igualdade racial e diversidade: Aspectos políticos, jurídicos, conceituais* (Brasil 2012c) e *Educação infantil e práticas promotoras de igualdade racial* (Brasil 2012d). Ainda em 2012, a fim de esboçar um primeiro panorama nacional de como a educação infantil na área rural vem sendo tratada no país, é publicado o livro *Oferta e demanda de educação infantil no campo* (Brasil 2012e), que sintetiza um esforço de trabalho coletivo na construção de conhecimentos sobre a educação da criança de zero a seis anos moradora de áreas rurais. Além destes últimos, no mesmo ano, em parceria com o Unicef, é publicado o documento *Brinquedos e brincadeiras de creches: Manual de orientação pedagógica* (Brasil 2012b). Trata-se de um texto técnico, cuja finalidade é orientar professoras, educadoras e gestores na seleção, na organização e no uso de brinquedos, materiais e brincadeiras para creches, apontando formas de organizar espaços, tipos de atividade, conteúdos e diversidade de material, que, no conjunto, constroem valores para uma educação infantil de qualidade.

Em 2015, é publicado o documento *Contribuições para a Política Nacional: A avaliação em educação infantil a partir da avaliação de contexto* (Brasil 2015), resultado do projeto de pesquisa "Formação da rede em educação infantil: Avaliação de contexto", com o objetivo de apresentar contribuições para a política nacional de avaliação em educação infantil. Quatro universidades participaram desse projeto de pesquisa em parceria com o MEC: Universidade Federal do Paraná (UFPR), Universidade Federal de Minas Gerais (UFMG), Universidade Federal do Rio de Janeiro (UFRJ) e Universidade Estadual de Santa Catarina (Uesc), além do convênio com a universidade italiana Università Degli Studi di Pavia. A leitura desse documento nos permite identificar elementos do percurso brasileiro concernente à relação entre educação infantil, qualidade e avaliação, tendo como referência a experiência italiana. De acordo com o documento, a proposta da avaliação de contexto avança "para uma organização que traz dimensões (tempos; espaços; materiais; relações dialógicas entre professores e crianças) as quais estruturam as possibilidades do fazer pedagógico e das experiências que as crianças devem ter" (Brasil 2015, p. 61).

Voltando um pouco no tempo, em 2013, coerente com o compromisso de assegurar às crianças uma educação de qualidade e amparado na noção de que a inserção na cultura escrita é um dos elementos que compõem a qualidade do atendimento educacional na primeira infância, o MEC – em parceria com a UFMG, a UFRJ e a Unirio – criou o projeto Leitura e Escrita na Educação Infantil, que culminou, após três anos de pesquisa e intenso debate nacional, na elaboração de uma coleção com oito volumes (Brasil 2016). O material, concluído em 2016 e publicado em meio digital em 2017,[10] propõe uma abordagem centrada na interação de diferentes linguagens, na literatura como arte, na ampliação da experiência estética, do imaginário, do faz de conta, no respeito às diferentes culturas infantis, na criação e na criatividade, nas narrativas orais e escritas e na capacidade de comunicação das crianças. A publicação busca romper com os paradigmas da educação infantil como preparatória para o ensino fundamental e da apropriação da linguagem escrita como processo reduzido à aquisição de um código.

Nesse percurso pelo marco legal da educação infantil, em 2018, foi publicado o documento final da *Base Nacional Comum Curricular* (BNCC) (Brasil 2018).[11] Tal documento abrange todas as etapas da educação básica, mas a educação infantil está estruturada de maneira específica e diferente do ensino fundamental e médio, propondo os chamados "campos de experiência". É importante ressaltar que a construção desse documento, que inicialmente contou com consultas públicas no *site* do MEC e com seminários e debates em todo o país, não se deu de forma pacífica.[12] Os embates seguiram em várias direções, desde

---

10. Disponível na internet: http://www.projetoleituraeescrita.com.br, acesso em 15/3/2019.
11. O atual Plano Nacional de Educação, aprovado pela lei n. 13.005/14, consolida a determinação de uma base curricular comum como estratégia de efetivação do direito à educação.
12. Uma das entidades que questionam o documento desde sua proposta é a Associação Nacional de Pesquisa e Pós-graduação em Educação (Anped), que lançou a

se deveria ser elaborado até se estava em consonância com os textos legais – no caso da educação infantil, com as DCNeis.[13] No momento da edição deste livro, temos a BNCC como um documento de caráter normativo, "que define o conjunto orgânico e progressivo de aprendizagens essenciais ao longo das etapas e modalidades da Educação Básica" (Brasil 2018, Introdução). Em relação à educação infantil, de forma sumária, a BNCC traz como eixos estruturantes as interações e a brincadeira – conforme determinam as DCNeis –, que devem ser assegurados por seis direitos de aprendizagem e desenvolvimento: *conviver, brincar, participar, explorar, expressar* e *conhecer-se*. Estabelece, ainda, cinco campos de experiência: *o eu, o outro e o nós*; *corpos, gestos e movimentos*; *traços, sons, cores e formas*; *escuta, fala, pensamento e imaginação*; e *espaços, tempos, quantidades, relações e transformações*. Por fim, para cada campo de experiência, são definidos objetivos de aprendizagem e desenvolvimento, organizados em três grupos por faixa etária (bebês, crianças bem pequenas e crianças pequenas).

A opção brasileira por educar crianças de zero a seis anos em espaços institucionais traz fortes inquietações e questionamentos: Que espaços são esses? Como são organizados? Que concepções de infância, de criança e de educação infantil revelam? Como influenciam a qualidade das práticas e das interações? *O que dizem os documentos que podem contribuir para refletir sobre os espaços das instituições de educação infantil?* Para responder a essas indagações, serão usadas como base as *Diretrizes curriculares nacionais para a educação infantil* (Brasil 2009a), por seu caráter mandatório,[14] os *Parâmetros básicos de infra-estrutura*

---

campanha "Aqui já tem currículo: O que criamos na escola". Disponível na internet: http://anped.org.br/campanha/curriculo, acesso em 28/4/2019. Atualmente, questiona-se, ainda, a legitimidade do documento final, pois foram feitas alterações para a última versão, após a mudança de governo em 2016.

13. Sobre as análises críticas à BNCC da educação infantil, ver Abramowicz e Cruz (2016), Tiriba e Flores (2016), Barbosa, Silveira e Soares (2019) e Campos, Durli e Campos (2019).
14. Optou-se por não incluir a BNCC nas análises, por ser um documento recente, que carece de uma análise mais aprofundada.

para instituições de educação infantil (Brasil 2006c), os *Critérios para um atendimento em creches que respeite os direitos fundamentais das crianças* (Brasil 2009b) e os *Brinquedos e brincadeiras de creches: Manual de orientação pedagógica* (Brasil 2012b), por constituírem referências e apresentarem orientações relacionadas aos espaços das instituições de educação infantil.

Desses quatro documentos, emergem cinco pontos referentes aos direitos das crianças, entre os quais se destacam as orientações concernentes aos espaços. São eles: (1) as crianças têm direito às interações e à brincadeira; (2) as crianças têm direito a um ambiente aconchegante, seguro e instigador; (3) as crianças têm direito ao contato com a natureza; (4) as crianças têm direito a movimento em espaços amplos; e (5) as crianças têm direito à participação. Os quatro primeiros são inspirados nas afirmações do documento *Critérios para um atendimento em creches que respeite os direitos fundamentais das crianças* (Brasil 2009b). O último é acrescentado diante da necessidade de enfatizar os direitos relacionados à participação das crianças nas decisões que lhe dizem respeito. Como observam Pinto e Sarmento (1997), na lista dos direitos das crianças, os referentes à proteção e à provisão já são reconhecidos e legitimados, e aqueles sobre os quais menos progressos se verificam são os concernentes à participação.

Como exposto anteriormente, a pesquisa teve por objetivo levantar problematizações sobre os espaços destinados a crianças e adultos, e compartilhados por eles, numa instituição de educação infantil. Isso implica o diálogo com as diretrizes políticas nacionais que abordam a temática dos espaços institucionais e com pesquisas que apontam questões relacionadas ao espaço (institucional ou não), enquanto lança um olhar crítico e analítico sobre o próprio espaço que compõe o campo empírico da pesquisa apresentada.

Os próximos itens trazem o entrelaçamento entre o que dizem os documentos, o que dizem as pesquisas e alguns eventos observados na instituição pesquisada. Evento aqui é tomado no sentido dado por Kramer (2014, p. 2), com base em Corsaro: "(...) sequência de ações compartilhadas que começam com o conhecimento da presença de dois ou mais atores que se relacionam e tentam chegar a um sentido comum".

O intuito é que, ao trazer a história da política, seja possível dialogar com a história do espaço da instituição observada. O que ela narra/conta/diz sobre seu próprio espaço? Essa história dialoga e caminha com a história das políticas? Quais são seus entraves, avanços, retrocessos, leituras, caso haja alguma relação?

As crianças têm direito às interações e à brincadeira

As DCNeis determinam que os eixos norteadores das práticas pedagógicas que compõem a proposta curricular da educação infantil devem ser as interações e a brincadeira. O entendimento inicial é de que as duas caminham juntas, integrando propostas pedagógicas e experiências vividas pelas crianças: por meio de interações, elas estabelecem relações, criam e narram histórias, ouvem e são ouvidas; na brincadeira, desenvolvem habilidades individuais, jogam, riem de pequenas e grandes coisas. Assim, por mais óbvio que possa parecer, não se pode abrir mão de afirmar que brincar é um direito inalienável da criança. A criança é cidadã: "(...) poder escolher e ter acesso aos brinquedos e brincadeiras é um dos seus direitos como cidadã" (Brasil 2012b, p. 11). Para que as interações e a brincadeira possam se efetivar, as rotinas da creche, pré-escola ou escola devem ser flexíveis e reservar períodos longos para as brincadeiras livres das crianças (Brasil 2009b).

Várias pesquisas (Barbosa 2004; Tiriba 2005; Toledo 2010) apontam que as crianças brincam quando sobra tempo (se sobrar). O brincar, embora enfatizado pelos documentos como direito da criança, ainda não é privilegiado no cotidiano de creches e escolas. Além disso, a reserva de tempo necessária para a brincadeira não é acompanhada da compreensão de que "para brincar em uma instituição infantil, não basta disponibilizar brincadeiras e brinquedos; é preciso planejamento do espaço físico e de ações intencionais que favoreçam um brincar de qualidade" (Brasil 2012b, p. 11). Dessa forma, a organização do espaço pode representar um empecilho ou facilitar para a brincadeira acontecer. A disposição de brinquedos pode impedir ou permitir o reconhecimento de sua presença e despertar o desejo de usá-los.

Na creche investigada, são observados eventos em que as crianças brincam quando as atividades planejadas para o dia acabam, geralmente, perto do horário da saída. Trazemos novamente o registro no caderno de campo:

> Eduardo se aproxima de mim com alguns materiais nas mãos (tampa de pote de sorvete, peças de quebra-cabeça, massinha). (...) Eduardo e eu começamos a brincar. Minha caneta ganha uma bola de massinha na ponta e vira pirulito. Eduardo que fez e deu para eu lamber, cantando a música "Pirulito que bate, bate...". Santiago se aproxima e também se senta no chão, ao meu lado. Pergunta se quero brincar de jogar bolinha. Eu aceito, e jogamos uma bolinha no colo um do outro. (...) Eduardo pega na estante um tambor feito de lata, e minha caneta vira baqueta. (...) As outras crianças também querem os instrumentos feitos de sucata, mas eles estão na prateleira alta da estante. Roberta, auxiliar, diz que ela fez os instrumentos musicais "para distrair as crianças". Ela escolhe com o que cada criança vai brincar e entrega nas mãos delas. Ela diz: "Eles gostam disso, de fazer barulho!". (Caderno de campo, 16 de maio de 2014)

As crianças criam brincadeiras com diferentes objetos. O brinquedo se configura como objeto de suporte da brincadeira e pode ser industrializado, artesanal, fabricado em casa ou na própria instituição (Brasil 2012b). Há de se ter um investimento e um olhar cuidadoso para que o direito da criança à brincadeira seja garantido, colocando à disposição dela diferentes tipos de brinquedos e materiais. As unidades escolares do município pesquisado não recebem brinquedos nem verba para comprá-los. A creche recebe pouco material da prefeitura, e a verba recebida é apenas a do Programa Dinheiro Direto na Escola (PDDE),[15]

---

15. Criado em 1995, o Programa Dinheiro Direto na Escola (PDDE) tem por finalidade prestar assistência financeira, em caráter suplementar, às escolas públicas da educação básica das redes estaduais, municipais e do Distrito Federal e às escolas privadas de educação especial mantidas por entidades sem fins lucrativos, registradas no Conselho Nacional de Assistência Social (CNAS) como beneficentes, de assistência social ou outras similares de atendimento direto e gratuito ao público.

enviada pelo governo federal. O que se percebe, nessa creche, é o esforço da educadora para confeccionar brinquedos, ainda que não tenha consciência da sua importância e se fixe apenas no objetivo de distrair as crianças.

Além de poucos brinquedos, na sala observada, a maior parte está fora do alcance das crianças. As orientações apresentadas nos textos oficiais afirmam que os brinquedos devem estar disponíveis em todos os momentos, guardados em locais de livre acesso às crianças e de modo organizado (Brasil 2009b). A organização da sala deve facilitar a ação de brincar, permitindo que ocorram brincadeiras espontâneas e interativas. Orienta-se que bancadas, prateleiras e armários sejam acessíveis às crianças, mantendo-se na altura do olhar da criança – em torno de 65 cm –, permitindo, assim, o uso independente dos brinquedos. Prevê, ainda, espaço para colocação de espelho amplo, que possibilite a visualização das crianças, e que seja assegurado espaço para montagem e organização de cantos de atividades (Brasil 2006c, 2009b).

Relembrando, o registro no caderno de campo sobre a organização da sala indica distância em relação ao que é proposto nos documentos:

> Organização da sala: mesas e cadeiras ocupam a maior parte do espaço. Há quadro-negro alto com alfabeto colorido acima. Próxima ao quadro, está a mesa da professora. As estantes são altas e há poucos brinquedos. Nas paredes, Galinhas Pintadinhas para todos os lados...
> (Caderno de campo, 2 de maio de 2014)

Segundo Hoemke (2004), antes dos anos 1990, as crianças de berçário e maternal permaneciam em berços a maior parte do tempo. Nas salas para crianças a partir dos três anos, a organização seguia o mesmo modelo escolar: quadro-negro, cadeira e mesa para a professora, caixas para os trabalhos, mesas baixas com uma cadeira para cada criança. A

Disponível na internet: http://www.fnde.gov.br/programas/dinheiro-direto-escola/dinheiro-direto-escola-apresentacao, acesso em 3/3/2015.

partir da década de 1990, são observados avanços que dizem respeito à configuração de novas organizações dos espaços das salas, como a organização por "cantinhos". Apesar disso, ainda não se observa uma mudança na prática, de modo que a criança seja tratada como criança e não como aluna. A prática está centrada no adulto, e "a grande maioria dos professores utiliza os cantinhos para a hora da espera ou para preencher o tempo da criança, antes e depois das atividades" (*ibid.*, p. 73).

A postura do adulto em relação às brincadeiras também é ressaltada nos textos oficiais. O adulto deve desenvolver a sua "dimensão brincalhona" (Brasil 2012b), propondo brincadeiras às crianças e acatando as brincadeiras propostas por elas (Brasil 2009b).

As crianças têm direito a um ambiente aconchegante, seguro e instigador[16]

Em consonância com os avanços posteriores à década de 1990, a capacidade máxima das instituições de educação infantil é definida pelos *Parâmetros básicos de infra-estrutura para instituições de educação infantil* (Brasil 2006c) em 150 crianças em regime de horário integral ou por turno. O mesmo documento recomenda que, preferencialmente, o terreno propicie a edificação em um único pavimento. No que diz respeito à área mínima para todas as salas para crianças de zero a seis anos, ela deve ser de 1,50 m² por criança (*ibid.*).

Na creche pesquisada, em setembro de 2014, eram 128 crianças matriculadas, com idade entre dois e quatro anos. Para a análise da metragem, foi solicitada planta baixa à instituição e à equipe responsável

---

16. No documento *Critérios para um atendimento em creche que respeite os direitos fundamentais das crianças* (Brasil 2009b), a afirmação é: "As crianças têm direito a um ambiente aconchegante, seguro e estimulante". Optou-se, aqui, pela substituição de "estimulante" pela noção de espaço instigador, no sentido de convite à ação, à imaginação e à criação, do projeto educacional que envolve crianças de zero a seis anos no norte da Itália, em especial na cidade de Reggio Emilia, para o qual o espaço deve ser *flexível, relacional e instigador*. Sobre a proposta educacional de Reggio Emilia, ver Edwards, Gandini e Forman (1999).

pela infraestrutura das unidades escolares na Secretaria Municipal de Educação. No entanto, nenhuma das duas dispõe do documento. Então, com o intuito de facilitar as análises da pesquisa, uma arquiteta fez a planta baixa da instituição.

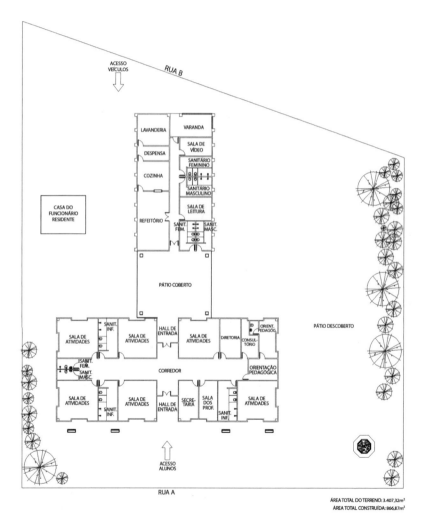

Planta baixa com base no levantamento do local. Desenho: Marília Navarro.

A creche tem um único pavimento. A área total do terreno é 3.407,32 m² e a área construída, 866,87 m². A área média das salas das turmas é de 34,5 m², maior do que as orientações oficiais (*ibid.*), considerando-se a quantidade de 20 crianças por turma.

Além da metragem, outros aspectos devem ser observados segundo os documentos do MEC: as salas devem ser claras, limpas e ventiladas, voltadas para o nascente; as paredes, pintadas com tinta lavável; deve haver disponibilidade de água potável para consumo e higienização em diferentes espaços da instituição, como salas, refeitório, cozinha. Ademais, a instituição deve prever a organização de espaços agradáveis para as crianças se recostarem e desenvolverem atividades calmas, além de lugares adequados para descanso e sono. É recomendada, também, a utilização de vidros lisos. Os vidros "fantasia" somente devem ser usados nas áreas onde a privacidade seja imprescindível. A altura de janelas, equipamentos e espaços de circulação deve estar adequada às necessidades de visão e locomoção das crianças. Em todos os espaços utilizados, os acessórios e equipamentos como maçanetas, quadros, pias, torneiras, saboneteiras, porta-toalhas e cabides devem ser colocados ao alcance das crianças, para maior autonomia delas.

A fim de garantir a segurança das crianças, é importante o cuidado para que não haja objetos e móveis quebrados nos espaços em que elas ficam; produtos potencialmente perigosos mantenham-se fora do alcance das crianças; interruptores tenham protetores contra descarga elétrica; se evitem quinas vivas na edificação; os ambientes tenham ralos com tampa rotativa para maior proteção contra insetos. E, para segurança de todos, devem ser instalados extintores de incêndio e demais equipamentos de acordo com as normas do Corpo de Bombeiros (Brasil 2006c, 2009b).

Na creche em questão, não foram observadas irregularidades nos quesitos relacionados à segurança das crianças. No entanto, foi possível notar erros na instalação de equipamentos, como a altura das pias dos banheiros. Estas, por serem altas, não são usadas autonomamente e representam um risco, em razão da necessidade de utilizar cadeira para lavar as mãos e o rosto e escovar os dentes.

Está na hora do almoço e Dora chama as crianças para lavar as mãos. O banheiro fica em frente à sala e todas vão juntas ao banheiro. A pia é alta e há uma cadeira próxima a ela para as crianças subirem. Dora organiza o grupo para que uma aguarde a outra terminar para subir na cadeira. Ela segura no braço de cada criança, demonstrando atenção para que não escorregue da cadeira ao subir e descer. Ao retornar do almoço, as crianças vão escovar os dentes. Dora pega o pote com as escovas, as crianças vão dizendo qual é a sua e ela vai entregando. Dora coloca pasta na escova de todas e chama uma por uma para subir na cadeira e escovar os dentes. (Caderno de campo, 21 de maio de 2014)

A fim de promover um ambiente instigador, a creche, pré-escola ou escola, de acordo com as DCNeis, deve promover "o relacionamento e a interação das crianças com diversificadas manifestações de música, artes plásticas e gráficas, cinema, fotografia, dança, teatro, poesia e literatura" (Brasil 2009a, p. 4). Para tanto, é necessário que "possibilitem a utilização de gravadores, projetores, computadores, máquinas fotográficas e outros recursos tecnológicos e midiáticos" (*ibid.*). A creche investigada não dispõe de equipamentos e recursos necessários para práticas que envolvam expressões musicais, pictóricas, cinematográficas, midiáticas etc.

Dia da conversa sobre as fotografias que as crianças produziram

Iasmin: Eu gostei de tirar fotos do parquinho! Vamos tirar de novo!
Liana: Eu devolvi as máquinas que pedi emprestadas e não trouxe nenhuma hoje. Pede à Carmem para vocês brincarem de fotografar um dia.
Iasmin: Ela não tem máquina.
(Caderno de campo, 24 de novembro de 2014)

As diretrizes também garantem a acessibilidade de espaços, materiais, objetos, brinquedos e instruções para as crianças com deficiência, transtornos globais de desenvolvimento e altas habilidades/ superdotação (Brasil 2009a). A acessibilidade deve ser "garantida por meio de rampas de acesso ou plataforma de percurso vertical com as adaptações necessárias para garantir total segurança, conforme NBR 9050"[17] (Brasil 2006c, p. 27). Devem ser assegurados, também, "banheiros com sanitários, chuveiros e cadeiras para banho, brinquedos e equipamentos adaptados para a utilização de crianças com necessidades especiais" (*ibid.*). Considerando-se que a creche é plana, não há necessidade de instalação de rampas. Já os equipamentos e os materiais são reservados à Sala de Recursos, por serem escassos.

As famílias também precisam ser contempladas com a organização de espaços acolhedores para serem recebidas e poderem conversar com os profissionais da instituição. Um ambiente acolhedor requer, ainda, que as relações de trabalho entre os membros da equipe e destes com as famílias sejam cordiais e afetivas (Brasil 2009b). Observei, na creche pesquisada, relações cordiais entre os profissionais e destes com as famílias, que entram na creche na hora da entrada e na hora da saída e são sempre recebidas quando solicitam. No entanto, foi observada uma situação que, pelo tom de ironia, pareceu desrespeito à família:

> Carmem pede para que as crianças peguem o "caderno de casa" na mochila (...). Jéssica não fez a atividade, leva o caderno até Carmem, que está em pé próxima à mesa de professora, e se explica: "Não fiz, porque saí ontem". Carmem responde, em tom irônico: "Todo dia você sai e não faz o dever. Sua mãe está de parabéns por isso!".
> (Caderno de campo, 19 de agosto de 2014)

A nossa legislação preconiza que a relação entre famílias e instituições de educação infantil deve ser de complementação e cooperação. No entanto, historicamente, a relação entre famílias populares e escola tem sido marcada por muitas tensões. Os estudos de Thin (2006 e 2010) apontam que essa relação é assimétrica: de um lado, a escola, dominante; e do outro, a família, popular e dominada. Observa-se que a escola não valoriza as diferentes culturas familiares – estas são

---

[17]. Norma técnica que estabelece os requisitos de acessibilidade para edificações, mobiliário, espaços e equipamentos urbanos.

menosprezadas – e coloca-se como dona do conhecimento, de um único conhecimento, dito como o certo.

A situação observada remete, ainda, a questões sobre a qualidade das relações estabelecidas no contexto de trabalho. Como os profissionais são tratados, a ponto de perder a possibilidade de ter uma relação empática com o outro? O que isso aponta do que falta em relação ao apoio do trabalho dos professores? Como cuidar do outro, acolhendo suas necessidades e seus limites, sem ter sido cuidado? A dureza no tom da fala e a pouca escuta às necessidades e aos desejos do outro também marcam a relação com as crianças.

> A professora diz (bem alto, olhando para mim): "Sabe, tia, esta turma é muito apimentada!". E continua um pouco mais baixo: "Esta turma é muito difícil. Tem de tudo, até um autista!". (Caderno de campo, 14 de agosto de 2014)
>
> Carmem olha para Renan, que está em outra mesa, e diz: "Renan, você está tirando meleca do nariz?". Carmem olha para mim, com cara de nojo, e diz: "Tirando e botando na boca!". Renan abaixa a cabeça. (Caderno de campo, 19 de agosto de 2014)
>
> A atividade é pintar o desenho do saci, xerocado na metade de folha de papel ofício. As crianças estão sentadas nas cadeiras. Uma criança se levanta e Carmem diz: "Vamos sentar!". Em seguida, pede para cada criança pegar o estojo com lápis de cor na mochila (as mochilas estão penduradas no cabideiro). As crianças precisam se levantar. Carmem diz para cada criança pegar o lápis marrom. Antônio diz que não tem marrom. Carmem diz que vai emprestar. Pede, então, para que todos mostrem qual é o lápis marrom, levantando a mão com o lápis. Diz que o corpo do saci é marrom e vai de mesa em mesa, fazendo uma marca marrom no rosto, no tronco e nos membros do saci de cada criança. Logo depois, marca onde quer que pintem de vermelho: boca, gorro e *short*. Antônio pinta uma parte do corpo de vermelho e Carmem pergunta: "Você é surdo?". Antônio se encolhe na cadeira e pinta o rosto do saci de marrom, com o rosto colado na mesa. (...) Observo Antônio. Ele terminou de pintar como Carmem queria. Está sentado na cadeira, com a cabeça na mesa e o papel ao

lado, rolando o lápis de cor de um lado para o outro. (Caderno de campo, 19 de agosto de 2014)

Jéssica pinta uma parte do rosto do saci de vermelho. Carmem, olhando fixamente em seus olhos, em tom agressivo, diz: "Você está pintando o rosto dele de vermelho? Eu não falei que é marrom?!". (Caderno de campo, 19 de agosto de 2014)

Pesquisas no campo da educação infantil (Basílio e Kramer 2003, Cruz e Petralanda 2004 e Kramer 2009) apontam para relações entre adultos e crianças marcadas pelo autoritarismo no cotidiano das instituições, em que emergem situações de desrespeito. Esses estudos sinalizam que essas relações são reflexo de uma sociedade que não olha as crianças como pessoas, como sujeitos desejantes, sujeitos inventivos, que pensam e criam. Se as práticas que compõem a proposta pedagógica da educação infantil devem ter as brincadeiras e as interações como eixos norteadores do currículo (Brasil 2009a), o tema das relações não deveria ser o cerne da formação docente? Até que ponto a formação de professores vem garantindo espaços para problematizar sutilezas das relações nas instituições escolares?[18]

As crianças têm direito ao contato com a natureza

"A interação, o cuidado, a preservação e o conhecimento da biodiversidade e da sustentabilidade da vida na Terra, assim como o não desperdício dos recursos naturais" (Brasil 2009a, p. 4) devem ser garantidos. É importante ressaltar que as crianças têm direito ao sol, a brincar com água, areia, argila, pedrinhas, gravetos e outros elementos da natureza, a passear ao ar livre, a observar e respeitar os animais e a visitar parques e jardins (Brasil 2009b).

---

18. Essas reflexões foram elaboradas em parceria com Alexandra Pena e Marina Castro e Souza, no artigo Pena, Castro e Castro e Souza (2014). Disponível na internet: https://grupoinfoc.com.br/publicacoes/congressos, acesso em 10/7/2019.

Tiriba (2005, p. 109) observa em sua pesquisa que as crianças de instituições de educação infantil da cidade de Blumenau permaneciam a maior parte do tempo em "espaços-entre-paredes", expressão criada pela autora para designar, de forma genérica, os espaços, além das salas da turma, que são frequentados pelas crianças: refeitório, sala de vídeo etc. O tempo de permanência nos pátios e nas áreas externas é muito menor do que o tempo em sala, e muitas vezes pode não acontecer, privando as crianças da exposição ao sol. O que isso pode significar para a saúde de crianças e adultos, considerando-se que a maioria passa a maior parte do dia na instituição? Além disso, geralmente, não cabe às crianças e às educadoras a responsabilidade de cuidar dos vegetais, nem mesmo daqueles que elas mesmas plantaram. Uma das razões é que essa atividade é considerada não adequada, perigosa, imprópria para crianças. O contato com água também é escasso. A pesquisa sinaliza uma relação funcional, utilitária com esse elemento da natureza: serve para limpar os espaços e para fazer a higiene das crianças.

A pesquisa de Tiriba (2005) também aponta que a dimensão reduzida de alguns pátios pode interferir no tempo de que as crianças dispõem para estar ao ar livre. Há, por parte das educadoras, receio de que as crianças esbarrem umas nas outras ou que as maiores machuquem as menores. Os documentos oficiais orientam que a área externa da instituição corresponda a:

> (...) no mínimo, 20% do total da área construída e contemplar, sempre que possível, duchas com torneiras acessíveis às crianças, pisos variados, como, por exemplo, grama, terra e cimento. (...) deve ser ensolarada e sombreada, prevendo a implantação de área verde, que pode contar com local para pomar, horta e jardim. (Brasil 2006c, p. 26)

Recomenda-se que a área externa seja adequada para atividades de lazer, atividades físicas, eventos e festas da instituição e da comunidade; possua quadros azulejados com torneira para atividades com tinta lavável; tenha brinquedos de parque (escorregador, trepa-trepa, balanços, túneis etc.). Havendo possibilidade, deve ter anfiteatro, casa em miniatura, bancos (Brasil 2006c). É importante, também, reservar espaços livres cobertos para atividades físicas em dias de chuva. O pátio coberto deve condizer com a capacidade máxima de atendimento da instituição. Esse espaço deve ser planejado para utilização múltipla, como festas e reuniões de pais (Brasil 2006c, 2009b).

Na instituição pesquisada por Toledo (2010), o brincar e o estar no pátio não aconteciam diariamente. As situações observadas indicam que estar no pátio não é um direito, mas um prêmio ao qual as crianças devem fazer por merecer, comportando-se da forma esperada. A professora da turma investigada por Toledo fala em "perda do direito" de ir ao pátio – no sentido de castigo –, o que é observado como uma situação recorrente e parte central da cultura daquela escola. É possível perder um direito?

Também Toledo (2014), ao analisar fotografias de pátios de escolas de educação infantil da rede pública de oito municípios do estado do Rio de Janeiro, aponta a precariedade dos pátios, que pode ser percebida já na escolha dos terrenos ou imóveis, cujas características quase sempre são inadequadas ao funcionamento de instituições de educação infantil.

> Os pátios das escolas são diversos no que diz respeito ao tamanho, elementos e organização. A diversidade é positiva e coerente com a multiplicidade de contextos, mas não significa que os pátios ofereçam boas condições para as crianças. Mais que o tamanho, os elementos presentes e sua organização influenciam para que convidem as crianças a lá brincar e permanecer ou não, pela falta de brinquedos, cantinhos, bancos e sombra. (Toledo 2014, p. 185)

Como é possível observar na planta baixa da creche pesquisada, existe uma área externa ampla, com parte coberta e descoberta, mas apenas a parte coberta ou os poucos locais com sombra são utilizados, como podemos rever no quadro a seguir:

ESPAÇOS ONDE DEVERÃO ACONTECER AS ATIVIDADES

	ATIVIDADE	ESPAÇO
Manhã	Sala de vídeo	Sala de vídeo
	Sala de leitura	Sala de leitura
	Parque	Pátio coberto
	Brincadeira livre	Pátio coberto
	Atividade coletiva ou brincadeira dirigida	Pátio coberto
	Bandinha	Varanda nos fundos
Tarde	Vídeo	Sala de vídeo
	Parque	Pátio coberto
	Brincadeira dirigida	Espaço com sombra
	Brincadeira livre	Varanda nos fundos
	Cantigas de roda	Pátio coberto ou espaço com sombra

Fonte: Informações fornecidas pela instituição.

As justificativas apontadas pela orientadora pedagógica da instituição para a pouca utilização da área externa são: "Sol muito forte, pouca sombra, muita formiga e receio de que haja algum bicho que ofereça perigo para as crianças" (Caderno de campo, 7 de dezembro de 2014).

Festa do dia das crianças

Chego à creche no horário marcado: meio-dia e meia. Sol forte e muito calor. No pátio coberto, todo organizado e decorado com muito capricho pelas profissionais da creche, estão as crianças, as famílias e as educadoras. Entendo quando a orientadora pedagógica diz que, às vezes, não tem como ficar na área externa descoberta, por causa do sol. Vejo todo aquele espaço verde e não resisto a perguntar a ela por que não plantam árvores que produzam sombra para aproveitar melhor o espaço. Ela, prontamente, pergunta à diretora. A diretora diz que consultará a Secretaria Municipal de Educação. (Caderno de campo, 7 de novembro de 2014)

O repovoamento de espécies vegetais se faz necessário, em decorrência de um fator ambiental, da saúde das pessoas que compartilham o espaço da instituição e do direito das crianças ao contato com a natureza.

Os documentos oficiais preveem a integração de áreas externas e internas, a fim de que, mesmo das salas, as crianças possam olhar para fora através de janelas mais baixas e com vidros transparentes. Essa integração deve possibilitar à criança autonomia para entrar e sair (Brasil 2009b; 2012b). Tal integração não é observada na instituição investigada: as crianças são privadas de uma linda paisagem do lado de fora, pois as janelas são tipo basculante, pequenas e altas. As salas, mesmo em dias de sol forte, ficam escuras e dão a sensação de aprisionamento.

Sobre a altura das janelas, o educador francês Célestin Freinet (Elise Freinet 1979), ao tratar das edificações escolares da primeira metade do século XX, afirma que, na França, elas eram propositalmente colocadas no alto das paredes, para que as crianças permanecessem concentradas na aula e não se distraíssem com o que estava do lado de fora.

Barbosa (2004), em sua pesquisa, observa a necessidade da instituição de educação infantil de se afirmar como escola, como um espaço diferenciado, que não é "só para cuidar". A escola, nesse sentido, é entendida como aula, e o trabalho pedagógico está relacionado à instrução. Ser escola, assim, torna necessário que haja ensino, conteúdos, numa perspectiva de trabalho semelhante à do ensino fundamental. Desse modo, a prática é centrada no adulto, e a atenção é voltada para ele. A situação observada na creche investigada confirma o que aponta a pesquisa de Barbosa.

Carmem escreve a palavra *estrela* no quadro e diz: "Olha a palavra *estrela*. Começa com que letra?". Faz o mesmo com as palavras *mar* e *peixe*. Quando escreve a palavra *peixe*, pergunta: "Que letrinha é essa? Eu ensinei ontem". As crianças não respondem, e ela diz alto: "Sabe o que é isso? Falta de atenção!". Realmente, as crianças não estão atentas a ela. Estão falando umas com as outras, fazendo cosquinha, rindo. (Caderno de campo, 14 de agosto de 2014)

A distinção entre espaços externos e internos é também observada por Barbosa. A autora verifica que, naquela instituição, crianças e professoras identificam o prédio como escola e o pátio como pátio mesmo. *Dentro* é lugar de trabalho; *fora*, no pátio, é lugar de brincadeira. A prática pedagógica na educação infantil é identificada, assim, como algo que tem a intenção de trabalhar algum conteúdo predeterminado e sempre parte da professora. A brincadeira, direito da criança, não é considerada coisa de escola.

Ser ou não ser escola? Toledo (2014, p. 185) enfatiza: "Pátio é escola tanto quanto a edificação, e ambos devem ser adequados às especificidades da Educação Infantil". A autora utiliza a palavra "escola" de forma abrangente, incluindo creches e pré-escolas. Em relação à instituição pesquisada, esta é chamada de creche (mesmo atendendo crianças da pré-escola), porém, em alguns aspectos, práticas se aproximam do modelo do ensino fundamental. Entretanto, foi observado que o conhecimento formal é negado às crianças porque "ainda não é escola".

No parque

As crianças estão descendo no escorregador e uma grita para a professora: "Ô, tia! Está dando choque em todo mundo!". A professora para a conversa com uma profissional da creche e, de longe, diz: "É assim mesmo! É eletrostática! Vocês vão aprender isso na escola!", e continua a conversa. (Caderno de campo, 11 de setembro de 2014)

As DCNeis, no artigo 8º, determinam: "A proposta pedagógica das instituições de Educação Infantil deve ter como objetivo garantir à criança acesso a processos de apropriação, renovação e articulação de conhecimentos e aprendizagens de diferentes linguagens" (Brasil 2009a, p. 2). Para tanto, as práticas pedagógicas dessas instituições devem incentivar "a curiosidade, a exploração, o encantamento, o questionamento, a indagação e o conhecimento das crianças em relação ao mundo físico e social, ao tempo e à natureza" (*ibid.*, p. 4).

Segundo Tiriba (2005, p. 119), os espaços não têm importância em si para as crianças, mas são desejados em função do que oferecem: "Não importa, dentro ou fora de sala, as crianças querem permanecer onde vivenciam o que tem significado para elas. Os espaços internos podem ser muito agradáveis, mas, talvez, até mesmo porque aí predominem as atividades, o lado de fora atrai muito". São atividades que, muitas vezes, não têm sentido nem para as crianças nem para os adultos. Em discordância com as DCNeis, o que as crianças desejam aprender, sua curiosidade pelo mundo e seus interesses não são considerados na elaboração da proposta pedagógica da instituição.

Além do pátio, o entorno também pode ser espaço privilegiado para explorações e brincadeiras das crianças. Na creche pesquisada, não foram observadas saídas da instituição. A creche se localiza em um loteamento, em um bairro divido por uma linha de trem não apenas espacialmente, mas por domínio de facções criminosas. Segundo as educadoras, há períodos "mais tensos e outros tranquilos". Resguardando as especificidades de cada contexto, Tiriba (2005) observa que, mesmo sendo um lugar frequentado regularmente por crianças e suas famílias – pois é onde residem e, às vezes, onde residem também as educadoras –, é comum identificarem o entorno como lugar sujo e perigoso. Sobre isso, Fazolo (2008) afirma que o espaço do entorno não é assumido como espaço educativo, ou melhor, o acesso a ele não é considerado como direito da criança.

As crianças têm direito a movimento em espaços amplos

"Os deslocamentos e movimentos amplos das crianças nos espaços internos e externos às salas de referência das turmas e à instituição" (Brasil 2009a, p. 3) são assegurados pelas DCNeis, ou seja, "as crianças têm direito de correr, pular e saltar em espaços amplos, na creche ou nas suas proximidades" (Brasil 2009b, p. 23). É válido ressaltar que esse direito é garantido a meninos e meninas. Assim, meninos e meninas devem ter oportunidade de jogar bola, inclusive futebol, desenvolver sua força, agilidade e equilíbrio físico nas atividades realizadas em espaços amplos e também brincar de roda.

No pátio ou na sala, *brincar de roda* não foi observado na turma pesquisada. Foram observados momentos em que a turma *estava em roda*.

Em roda, sentados no chão

> Carmem lê o livro, com ele virado para ela, mostrando as ilustrações após a leitura de cada página. Antônio se levanta para olhar a ilustração enquanto Carmem lê. Ela diz: "Senta e espera! Não tenha essa curiosidade!". Ao terminar a história, discursa contra as atitudes do saci e diz: "Vocês não devem ser assim. Vocês têm que ser crianças eeeee...". As crianças completam: "...ducadas!". (Caderno de campo, 19 de agosto de 2014)

Movimento, expressão do corpo e das ideias ou silenciamento dos corpos, das expressões e das curiosidades das crianças? Em muitos momentos, a frase "agora, vamos sentar!" foi ouvida por mim, pronunciada pelos adultos da instituição, na roda, ao chegar à sala da turma, no refeitório, na sala de vídeo.

> Carmem pega um livro que conta a lenda da iara e, olhando as ilustrações, relembra a história, parando de falar no meio das frases para que as crianças terminem. Apenas Mayara responde. A maioria das crianças não está prestando atenção e se mexe bastante nas cadeiras, mas não se levanta. Apenas Eduardo está em pé e se aproxima de mim. Ele quer ver meu caderno. Eu mostro, mas Carmem olha para ele e diz: "Se ficar perturbando, vai ficar com a tia Mônica!". (Caderno de campo, 19 de agosto de 2014)

> Todas as crianças estão sentadas pintando o saci, menos Levi. É o único autorizado a andar. Levi tem deficiências múltiplas, segundo a cuidadora. Ele não fala e enxerga pouco. Enquanto ele caminha pela sala, a cuidadora está sentada na mesa de professora, cortando o papel que a professora pediu. A cuidadora repara que estou olhando para Levi e diz: "Com ele, só pintura a dedo. Ele é muito agitado. Hoje, está até calmo, porque tomou calmante antes de vir para a creche". (Caderno de campo, 19 de agosto de 2014)

As crianças só eram autorizadas a ficar de pé nos deslocamentos de um espaço para o outro, com certa restrição de movimento (em fila), ou no pátio, quando iam para lá.

As crianças têm direito à participação

Nos diferentes documentos oficiais citados até o momento, a questão da participação infantil, embora seja abordada, não é item de destaque nem de maiores considerações. No entanto, conforme discutido, é pertinente afirmar que participar é um modo tanto de se engajar de forma cidadã e ativa nas questões do próprio cotidiano, quanto de se garantir às crianças a possibilidade de serem escutadas em suas demandas, posições, interesses e necessidades.

Nos documentos oficiais, há o entendimento de que o professor é responsável por planejar a organização dos espaços da instituição com base em suas observações, para assegurar o desenvolvimento de todos e incorporar os valores culturais das famílias em suas propostas pedagógicas. Contudo, tal organização deve ser realizada com as crianças, que podem e devem propor, recriar e explorar o ambiente, modificando o que foi planejado. Além disso, a organização dos espaços deve propiciar que as crianças possam ressignificá-los e transformá-los (Brasil 2006c).

Não foram observadas na creche pesquisada estratégias para favorecer a participação das crianças na organização dos espaços da sala ou da instituição como um todo, o que não está em consonância com o que é apresentado no documento *Brinquedos e brincadeiras de creches: Manual de orientação pedagógica* (Brasil 2012b). Neste, relata-se que uma professora busca permitir essa prática, o que cabe analisar: uma professora de instituição municipal de educação infantil troca o modelo tradicional de organização de sala de atividades, com mesas e cadeiras, pela proposta de oferecer autonomia às crianças, dando a elas oportunidades para brincar e interagir. Para isso, modifica o espaço físico, retira os materiais e os brinquedos do armário e cria novos desafios para as crianças. Essa professora construiu com as crianças estratégias de arrumação diária, incentivando-as à autonomia de uma forma em que elas foram protagonistas na tarefa.

A turma do relato apresentado no documento tem 30 crianças de quatro anos, número que não está de acordo com as orientações legais.[19] Esse número dificulta a realização do que é proposto no documento, ou seja, favorecer a brincadeira e as interações; a qualidade do trabalho também está relacionada ao número de crianças no espaço. As condições adversas ao que o documento explicita caracterizam uma realidade que suscita um questionamento: Embora a tentativa da professora de propiciar a participação das crianças na organização do espaço seja válida, será que isso acontece tão tranquilamente, diariamente, com um número excessivo de crianças em uma turma? Além disso, a escola do relato é dividida em três turnos (das 7 às 11 horas, das 11 às 15 horas e das 15 às 19 horas), estratégia muito utilizada por municípios que não conseguem atender à demanda por vagas. Essa divisão de turno não favorece um cotidiano flexível e tranquilo para a instituição; ao contrário, é estressante, seguindo uma lógica do tempo instituído para a educação infantil, mas que não é o tempo da educação infantil.

Os direitos das crianças à brincadeira, a um espaço instigador, à participação na organização desse espaço não dependem apenas do profissional, pois este não é o único responsável pela gestão do lugar. Atribuir ao professor essa responsabilidade significa desconsiderar todos os fatores do planejamento dos espaços da instituição. Não se pode legitimar que a qualidade da educação dependa de uma suposta "clareza" (Brasil 2012b, p. 124) que o profissional venha a ter. Para que essa clareza exista, ela precisa ser precedida de formação e de condições de trabalho. O documento, nesse ponto, está descolado do que as DCNeis propõem como eixos de trabalho: a brincadeira e as interações. Brincadeira e interações de qualidade, com participação das crianças na organização dos espaços destinados a elas, requerem estrutura. Essa estrutura também é orientada pelos documentos *Parâmetros básicos de infra-estrutura para instituições de educação infantil*, *Critérios para um atendimento em creches que respeite*

---

19. Com base no parecer CNE/CEB n. 22/98, de 17/12/98, que instituiu as Diretrizes Curriculares Nacionais para a Educação Infantil (resolução CNE/CEB n. 1, de 7/4/1999), os *Parâmetros nacionais de qualidade para a educação infantil* indicam a seguinte proporção: um professor para seis a oito bebês de zero a dois anos; um professor para cada 15 crianças de três anos; um professor para cada 20 crianças de quatro a seis anos (Brasil 2006d, p. 34).

os direitos fundamentais das crianças e mesmo *Brinquedos e brincadeiras de creches: Manual de orientação pedagógica*, como exposto até aqui.

Os direitos das crianças em relação aos espaços de creches e escolas podem ser sintetizados no entendimento de que o espaço na educação infantil deve ser:

> (...) promotor de aventuras, descobertas, criatividade, desafios, aprendizagens, e que facilite a interação criança-criança, criança-adulto e deles com o meio ambiente. O espaço lúdico infantil deve ser dinâmico, vivo, "brincável", explorável, transformável, e acessível para todos. (Brasil 2006c, p. 10)

Observa-se, entretanto, uma distância entre as orientações oficiais e os resultados de pesquisas. Sobre isso, Scramignon (2011, pp. 36-37) afirma: "Os direitos das crianças garantem avanço jurídico, mas os resultados desse avanço necessitam ser traduzidos em ações concretas para que possam realmente ser considerados como políticas públicas direcionadas ao atendimento das crianças".

Para reforçar a necessidade de ações concretas de garantia dos direitos das crianças no que se refere ao espaço de creches e escolas, torna-se necessário ouvir as crianças, pois, afinal, os espaços são planejados e organizados para elas.

Para conhecer o que dizem as crianças

> *De que vale ter voz*
> *se só quando não falo é que me entendem?*
> *De que vale acordar*
> *se o que vivo é menos do que o que sonhei?*
> *(versos do menino que fazia versos)*
> Mia Couto (2004, p. 131)

No conto *O menino que escrevia versos*, o escritor moçambicano Mia Couto narra a história de um menino dado a fazer versos e, por isso, reprovado pelo pai e alvo de cuidados exagerados da mãe. Preocupados com o menino, os pais o levam ao médico e requerem urgência para curá-lo. O médico, por sua vez, gostava de versos e internou o menino-poeta para poder escutá-lo lendo "verso a verso, o seu próprio coração" (Couto 2004, p. 131). Em crônica publicada pela primeira vez no *Jornal do Brasil* em 1974, o poeta Carlos Drummond de Andrade indaga: "Por que motivo as crianças, de modo geral, são poetas e, com o tempo, deixam de sê-lo?" (Drummond de Andrade 1976, p. 593). Para outro poeta, o mato-grossense Manoel de Barros, "a liberdade e a poesia a gente aprende com as crianças" (Barros 1999, p. 7). Os escritores e poetas nos provocam a pensar que as crianças têm outro modo de olhar as coisas do mundo, que, muitas vezes, é incompreendido pelos adultos, que impõem suas vontades e suas verdades.

Nas pesquisas dos últimos 30 anos, no Brasil, percebe-se um esforço para consolidar uma visão de criança cidadã, que tem necessidades e desejos, que tem voz e direito de ser ouvida. Kramer (2002) sinaliza a importância desse olhar infantil para aprender com as crianças. A autora questiona a forma como temos olhado para a infância na prática da pesquisa e a relevância de procurarmos conhecer as crianças. Acerca disso, Sarmento (Sarmento e Gouvea 2008, p. 13) afirma:

> Cabe-nos, como pesquisadores e profissionais que atuam junto a estes sujeitos concretos, crianças, não superpor o nosso discurso ao discurso infantil, retomando a origem etimológica que, ao nomear a criança, define uma *infans*: a dos sem fala. Parafraseando Freud, cabe-nos, em nossas práticas, indagar a este intrigante sujeito: afinal, o que quer uma criança?

A pesquisa etnográfica é defendida pela sociologia da infância como uma metodologia útil para fazer ouvir as vozes das crianças na produção de dados de pesquisas sociológicas. Os estudos desse campo apontam que a pesquisa *com* crianças,[20] e não *sobre* elas, tira-as do lugar

---

20. No Brasil, é Florestan Fernandes (2004), sociólogo e político paulistano, com a pesquisa "As 'trocinhas' do Bom Retiro: Contribuição ao estudo folclórico e sociológico da

de objeto a ser estudado, colocando-as como sujeitos que falam por si, que produzem e são produzidos pela cultura (Corsaro 2011). A etnografia concebida como descrição, observação e trabalho de campo com base em uma experiência pessoal, então, coloca-se como uma das vias possíveis para o conhecimento das culturas infantis. A experiência etnográfica contribui para a aproximação do ângulo da criança. No campo da educação, a prática etnográfica se apresenta como possibilidade de lançar outro olhar à escola, como uma forma alternativa de problematização dos fenômenos. Dauster (1997), contudo, ressalta a necessidade de cuidado para que a etnografia não seja entendida como uma técnica, mas, sim, como uma opção teórico-metodológica.

Nesse sentido, a pesquisa etnográfica com crianças precisa partir do entendimento de que "o comportamento humano é ação simbólica, pois tem significado" (Geertz 1978, p. 20) e da cultura como "sistemas organizados de símbolos significantes que orientam a existência humana" (*ibid.*, p. 58). A etnografia, assim, contribui para a "des-naturalização dos fenômenos, mostrando como práticas, concepções e valores são socialmente construídos e, portanto, simbólicos" (Dauster 1997, s.p.).

> Sabendo que o pesquisador é parte do problema que ele vai investigar, tenta-se compreender as próprias idiossincrasias e pré-conceitos. Situar o problema na especificidade do social significa mostrar que fatores como as atitudes, os comportamentos, os gostos, crenças, práticas e representações são fenômenos socialmente construídos e nada têm de naturais, pois pertencem ao campo da cultura e das relações sujeito/sujeito e sujeito/objeto. É ainda interpretar significados, sistemas simbólicos e de classificação, em uma postura antropológica, que pressupõe a quebra da visão dissimuladora da homogeneidade e dos estereótipos. (*Ibid.*)

---

cultura e dos grupos infantis", publicada pela primeira vez em 1944, um dos precursores de pesquisas que buscam privilegiar o olhar das crianças. Por meio de observações minuciosas e prolongadas de algumas "trocinhas", Fernandes realiza um estudo sociológico de culturas e de grupos infantis com o objetivo de compreender certos aspectos do comportamento das crianças em seus grupos sociais próprios.

Para um conhecimento mais complexo da realidade, é necessário, então, que o pesquisador tenha estranhamento (Velho 1980), com o intuito de, pela análise de relações sociais concretas, questionar categorias teóricas e do senso comum. Entretanto, Velho (1981) alerta para o risco metodológico de ver grupos sociais como unidades independentes, autocontidas e isoladas. Segundo esse antropólogo, o conhecimento contextualizado de cada universo cultural também supõe que o que se encontra em uma dada cultura estará em outra, embora de forma distinta.

Nesse sentido, na pesquisa com crianças, a etnografia contribui para entender não só as crianças pesquisadas, mas também a sociedade, valendo-se do reconhecimento de que as crianças têm voz e algo a dizer:

> (...) as crianças têm "voz" porque têm "coisas" – ideias, opiniões, críticas, experiências, (...) – a dizer aos adultos, verbalmente ou não, literalmente ou não, mas estes só poderão ter acesso a esse pensamento e conhecimento se estiverem na disposição de suspender os seus entendimentos e cultura adultos para, na medida do possível, aprenderem com elas os delas e assim compreenderem o sentido das suas interações no contexto dos seus universos específicos. (Ferreira 2010, p. 158)

Segundo Cruz (2008, p. 14), "o que as crianças falam pode subsidiar ações a seu favor e contribuir para mudanças que as beneficiem". O que elas dizem pode trazer elementos que auxiliem o desenvolvimento de ações que favoreçam a construção de melhores condições, a fim de que vivam sua infância. Dessa forma, buscar maneiras de ouvir as crianças, explorando suas múltiplas linguagens, tem como pressuposto a crença em que elas têm o que dizer acerca de cada um dos aspectos de suas experiências nas instituições (as relações, as instalações e os materiais, as práticas pedagógicas etc.). Esse processo não é apenas importante, mas necessário no processo de construção da qualidade na educação infantil (Cruz 2008).

Dialogando com essa perspectiva, buscou-se pesquisar o objeto definido *com* as crianças durante a realização do trabalho de campo, de abril a novembro de 2014. A primeira estratégia metodológica foi a observação sistemática do cotidiano de uma turma de crianças de quatro anos, de duas a três vezes por semana, em dias e horários alternados, para que fossem contemplados todos os momentos da rotina do grupo – chegada e início da manhã, período intermediário, final da manhã e saída da creche, nos diferentes espaços da instituição. Os instrumentos utilizados, no momento da pesquisa, foram notas de campo, metodológicas e pessoais, orientadas por um roteiro de observação.

> Uma pesquisa que se propõe a incluir a participação das crianças supõe "um processo pelo qual as crianças são "empoderadas" (*empowered*) para construir uma representação de seu mundo social". Para isso, o pesquisador deve usar recursos para expressão das crianças que sejam adequados à sua faixa etária e sensíveis a seu ambiente cultural. (Campos 2008, pp. 37-38)

Considerando-se essas contribuições, no segundo momento da pesquisa de campo, foram realizadas práticas com as crianças, na tentativa de favorecer expressões de como elas percebem os espaços da creche e interagem com eles. Para essas práticas, foi proposta às crianças uma oficina de fotografia dos espaços da instituição.

A realização da oficina de fotografia com as crianças[21] da creche pesquisada se baseia na compreensão de que "o discurso imagético constitui o sujeito e, ao mesmo tempo, o sujeito é produtor deste discurso" (Lenzi *et al.* 2006, p. 101). Observar as fotografias tiradas pelas crianças contribui para compreender a maneira pela qual percebem os espaços – as imagens tanto dizem sobre as crianças quanto são uma forma pela qual as crianças podem "dizer". A fotografia permite, ainda, perceber a perspectiva do lugar de onde se olha, a aproximação ao universo do "outro" – a criança –, buscando compreender diferentes visões de mundo.

---

21. Tula Brasileiro, em 2001, utilizou como estratégia metodológica propor às crianças (e aos adultos) que fotografassem a creche em que realizava sua pesquisa de mestrado, com o objetivo de compreender a relação creche-família (Brasileiro 2001).

Além disso, possibilita outros tipos de observação, porque transforma a natureza do olhar, já que o olhar, na fotografia, é direcionado, focado, selecionado.

É na interlocução, na troca entre produtor e leitor da imagem, que cores, formas e texturas ganham sentidos. A fotografia deixa de ser inerte, porque há um espectador que produz sentidos: aquele que olha produz discursos, é audiência ativa; o autor da fotografia "se presentifica no olhar do outro" (*ibid.*, p. 103). As crianças foram convidadas, num segundo momento, a observar as imagens que produziram. Coletivamente, olhamos as fotografias e conversamos sobre elas, sobre o que foi escolhido e o que foi deixado de lado ao fotografar. Percebeu-se, nessa experiência, a potência da fotografia como mediadora e restituidora de diálogos horizontalizados. Depois disso, o meu próprio olhar sobre os espaços foi modificado, com a ótica das crianças. A análise dos espaços já não é exclusivamente minha, é expandida pelo olhar das crianças.

Assim como outras estratégias metodológicas, a observação e a oficina de fotografia com crianças suscitam desafios éticos. O nome das crianças e dos adultos deve ser o verdadeiro ou fictício? Os rostos devem aparecer nas fotografias? A devolução da pesquisa pode colocar alguma criança em risco de represália por parte de adultos?

No que diz respeito ao nome dos sujeitos da pesquisa, as alternativas de usar números ou mencionar os participantes pelas iniciais do nome foram descartadas, porque negam sua condição de sujeitos e relegam a um anonimato incoerente com o referencial teórico que orientou a pesquisa (Kramer 2002). A fim de proteger as crianças e não expor os adultos, os nomes verdadeiros foram substituídos por nomes fictícios de forma aleatória. Com esse mesmo objetivo, foram selecionadas fotografias em que não aparecem rostos, para que as pessoas da instituição não fossem facilmente identificadas. Em relação à devolução, esta foi realizada em um momento em que as crianças já não frequentavam a instituição, pois a creche atende crianças de até quatro anos. Portanto, no ano seguinte, elas foram encaminhadas para outras unidades escolares da região.

As discussões que tangem à pesquisa *sobre* crianças apresentam, também, ambivalências no seio da própria discussão, o que esbarra na contradição entre o dizer/criticar da pesquisa feita desse modo e o fazê-la de uma perspectiva diferente. É pertinente afirmar que o primeiro movimento de pesquisa foi *sobre*: o olhar da pesquisadora s*obre* o espaço da instituição, *sobre* o cotidiano da turma pesquisada. Esse primeiro movimento foi importante para colocar algumas questões em perspectiva: Como as crianças usam esse espaço e se apropriam dele? Como os adultos usam esse espaço e se apropriam dele? Como crianças e adultos, juntos ou não, usam esse espaço e se apropriam dele? Num segundo movimento, após ter esse panorama, foi o momento de convidar as crianças a contar como olham e usam o espaço e se apropriam dele. Foi o movimento em que, por meio do instrumento metodológico fotográfico, a pesquisa buscou, em diálogo *com* as crianças, responder ao que seus olhares e suas perspectivas narram sobre o que veem e registram do espaço por elas frequentado e vivido cotidianamente.

    As estratégias metodológicas são aprofundadas no final da segunda parte deste livro, após percorrer as lentes teórico-metodológicas que orientaram o olhar para o campo empírico.

2
LENTES TEÓRICO-METODOLÓGICAS

> *Eu me pergunto: se eu olhar a escuridão com uma lente, verei mais que a escuridão? A lente não devassa a escuridão, apenas a revela ainda mais. E se eu olhar a claridade com uma lente, com um choque verei apenas a claridade maior.*
>
> Clarice Lispector (1990, pp. 25-26)

Através de uma lente, a escuridão ou a claridade não deixam de ser observadas, mas as lentes alteram o modo de olhar. Esta segunda parte do livro apresenta as lentes teórico-metodológicas através das quais foi olhado o campo empírico; a forma de olhá-lo. Primeiramente, serão abordadas as contribuições da psicologia histórico-cultural formulada por Vigotski (1991, 2007, 2009). Em seguida, as contribuições da sociologia da infância baseadas nas ideias de Corsaro (2005, 2011), Ferreira (2002, 2010) e Sarmento e Gouvea (2008) e a filosofia do diálogo de Buber (1974, 2004, 2008, 2009). Serão apresentadas essas contribuições, no intuito de refletir sobre concepções de criança e a relação dela com o outro e com o mundo. Por fim, serão destacadas articulações entre as três áreas de conhecimento e os autores abordados, visando aguçar o olhar e a escuta com as crianças.

As crianças como sujeitos históricos:
Contribuições da psicologia histórico-cultural

Formulada por Lev Vigotski,[1] a psicologia histórico-cultural nasce em um contexto de questionamentos: tanto a psicologia objetiva, representada pelo behaviorismo de Skinner quanto a psicologia subjetiva da *Gestalt* e a psicologia construtivista de Piaget se apresentavam como modelos representativos da psicologia humana de forma insatisfatória. Para Vigotski, nenhuma dessas escolas da psicologia fornecia bases consistentes para o estabelecimento de uma teoria unificada dos processos psíquicos humanos. Para a superação dessa crise na psicologia, considerou necessário formular um novo método, capaz de conciliar a cientificidade na abordagem da vida psíquica, sem o reducionismo das abordagens positivistas ou naturalistas dominantes.

Entre 1925 e 1930, fundamentado no materialismo histórico dialético de Karl Marx – compreensão de que todos os fenômenos devem ser estudados como processos em movimento e em mudança –, Vigotski, com Alexei Leontiev e Alexander Luria, propõe uma nova psicologia, que entende o ser humano como uma unidade de totalidade, reconhecendo, da mesma forma, o aparato biológico e a cultura. Para a psicologia histórico-cultural, a personalidade não é algo inato nem o sujeito se constrói apenas do meio. O ser humano interage com o meio – com as pessoas e com os objetos da cultura – numa relação dialética entre fatores internos e externos: enquanto o sujeito age sobre o meio, ele o modifica ao mesmo tempo em que é modificado pelo que o cerca.

---

1. Nascido em 1896, na cidade de Orsha, na Bielorrússia, numa família de origem judaica que valorizava a leitura, a música e a arte, teve sua formação inicial em Direito, curso concluído em 1917. Foi crítico literário e de arte, professor de literatura e pesquisador. Suas obras ficaram proibidas na então URSS por 20 anos após sua morte e só chegaram ao Brasil na década de 1990. O pensamento de Vigotski está profundamente enraizado no momento histórico por ele vivido, de busca de construção de uma sociedade socialista. Destacam-se os ideais marxistas do início do século XX e a Revolução Russa de 1917. Vigotski viveu, portanto, o auge revolucionário na então URSS e momentos de muitas mudanças políticas e sociais. Nesse contexto, a ciência era extremamente valorizada e esperavam-se dela soluções para os problemas sociais e econômicos do povo soviético.

> O mais importante para Vigotski, ao elaborar a concepção histórico-cultural, era desvendar a natureza social das funções psíquicas superiores especificamente humanas. Para ele a psiquê humana é a forma própria de refletir o mundo, entrelaçada com o mundo das relações da pessoa com o meio. (...) Para ele, todo processo psíquico possui elementos herdados biologicamente e elementos que surgem na relação e sob a influência do meio. No entanto, as influências podem ser mais ou menos significativas para o desenvolvimento psicológico, dependendo da idade em que ocorrem. (Prestes 2010, p. 36)

Nesse sentido, na constituição do sujeito, não há prevalência do fator biológico, nem do fator social, nem da simples relação entre ambos; prevalece um processo de construção histórico-cultural do contexto social e do meio, pela própria atividade do sujeito. Diante disso, para estudar o seu processo de desenvolvimento, não se deve partir de seu pensamento, mas, sim, da atividade de sua vida real.

O ser humano é concebido como sujeito que, desde o nascimento, interage com outros sujeitos. Por meio de sua atividade na cultura, produz conhecimento, dadas as condições históricas deste mundo, que permitem a ele interiorizar as qualidades humanas ali presentes. A humanidade, então, é produzida histórica e coletivamente pelos seres humanos e em cada um. Sobre isso, Vigotski afirma:

> Desde os primeiros dias do desenvolvimento da criança, suas atividades adquirem um significado próprio num sistema de comportamento social, e sendo dirigidas a objetivos definidos, são refratadas através do prisma do ambiente da criança. O caminho do objeto até a criança e desta até o objeto passa através de outra pessoa. Essa estrutura humana complexa é o produto de um processo de desenvolvimento profundamente enraizado nas ligações entre história individual e história social. (Vigotski 2007, pp. 19-20)[2]

---

2. Apesar da pertinente polêmica em relação à tradução das obras de Vigotski, sobretudo do livro *A formação social da mente*, por se tratar de trechos extraídos de diferentes originais, também se utilizam, neste livro, essa obra e outras não traduzidas diretamente do russo, buscando analisar o texto com base no que Prestes (2010) aponta em sua pesquisa sobre a tradução das obras do autor.

Da perspectiva histórico-cultural, a criança é concebida como sujeito integrado e situado histórica, social e culturalmente, que se desenvolve mediante a apropriação da cultura e no processo de sua atividade, tornando-se produto e produtora da história humana. Dessa forma, é desconstruída a ideia abstrata de infância, e a criança é situada ativamente na cultura.

Para Vigotski, no desenvolvimento humano, as dimensões biológicas e históricas, apesar de distintas, estão intrinsecamente relacionadas: o ser humano é entendido como "produto do desenvolvimento de processos físicos e mentais, cognitivos e afetivos, internos (constituídos na história anterior do sujeito) e externos (referentes às situações sociais de desenvolvimento em que o sujeito está envolvido)" (Oliveira e Rego 2003, p. 19). Para formular essa concepção de desenvolvimento, Vigotski (2007) postula quatro planos genéticos de desenvolvimento, compreendendo que é na interação dialética que se dá a constituição de cada sujeito: o plano *filogenético*, que concerne à história de uma espécie animal; o *ontogenético*, que é a história de um ser da espécie; o *sociogenético*, que trata da história da cultura do ambiente onde o sujeito está inserido; e o *microgenético*, que se refere à história de cada fenômeno psicológico. Os planos filogenético e ontogenético carregam certo determinismo biológico, ao passo que o plano microgenético abre possibilidade ao imprevisível. Tendo em vista que as especificidades de cada sujeito serão definidas por suas experiências de aprendizagem nos seus procedimentos microgenéticos, o fato de aprender é que definirá por onde se dará o desenvolvimento. Assim, mesmo indivíduos que vivem em situações muito parecidas terão desenvolvimentos diferentes, já que são as experiências na história de cada um que caracterizam a singularidade em cada momento de vida. Dessa forma, não há um caminho predeterminado rumo a um fim previamente estabelecido.

Vigotski afirma que o sujeito se desenvolve porque aprende. A aprendizagem promove o desenvolvimento e é em razão de o sujeito aprender que ele se desenvolve. O desenvolvimento, para o autor, deve ser olhado como o que está em processo, como possibilidade de acontecer. E, para que esse desenvolvimento aconteça, é necessária a interação com o outro. Nesse sentido, "o que a criança consegue fazer com ajuda dos outros poderia ser, de alguma maneira, muito mais indicativo de seu desenvolvimento mental do que o que consegue fazer sozinha" (Vigotski 2007, p. 96). Sobre essa relação entre o desenvolvimento e a atividade do sujeito, Vigotski elabora o conceito de *Zona de Desenvolvimento Iminente*:[3]

> A *Zona Blijaichego Razvitia* é a distância entre o nível do desenvolvimento atual da criança, que é definido com ajuda de questões que a criança resolve sozinha, e o nível do desenvolvimento possível da criança, que é definido com ajuda de problemas que a criança resolve sob orientação dos adultos e em colaboração com companheiros mais inteligentes. (Vigotski, *apud* Prestes 2010, p. 173; tradução da autora)

Fala e pensamento

Da perspectiva histórico-cultural, a relação do ser humano com o mundo não é uma relação direta, mas uma relação mediada por instrumentos (concreta) e signos (simbólica). Para Vigotski (2007), a fala, expressa oralmente ou de forma escrita, é o sistema de representação simbólico básico de todos os grupos humanos. Além da função de comunicação entre as pessoas, tem a função de pensamento generalizante,

---

3. Prestes (2010, 2013) traduz o termo em russo "Zona Blijaichego Razvitia" como Zona de Desenvolvimento Iminente. Traduzido para o inglês como "Zone of Proximal Development", no Brasil esse conceito recebeu as seguintes traduções: Zona de Desenvolvimento Proximal, Zona de Desenvolvimento Próximo ou Zona de Desenvolvimento Imediato. Prestes critica essas traduções e destaca que nenhuma delas se aproxima da ideia de Vigotski; pelo contrário, seriam incoerentes com a obra do autor, atribuindo a seu pensamento uma visão determinista do ser humano, por levar a uma compreensão de que haveria um ponto de chegada do desenvolvimento. Para a autora, "as palavras proximal, próximo ou imediato não transmitem a característica essencial do conceito que é a da possibilidade de desenvolvimento" (Prestes 2013, p. 299).

no sentido de que, ao nomear as coisas do mundo, estamos categorizando-as e classificando-as.

A relação entre fala e pensamento não nasce com o sujeito, é desenvolvida na filogênese. Fala e pensamento, num determinado momento da história da espécie, atrelam-se, e a inteligência passa a ter um pensamento de natureza simbólica que é permitido pela fala. O ser humano passa a ter uma inteligência abstrata: capacidade de imaginar, criar, recuperar o passado. Essas habilidades são permitidas pelas próprias características da fala, em que se encontram elementos que servirão, por exemplo, para indicar passado, presente e futuro. De acordo com essa perspectiva, é por meio da fala que o pensamento passa a existir (Vigotski 2007). Na história do indivíduo, "fala e pensamento são dois processos psíquicos distintos, singulares e separados, que, em certo momento do desenvolvimento (ontogênese), unem-se, dando lugar à unidade pensamento e fala que é o pensamento verbal" (Prestes 2010, p. 176).

Quando a criança nasce, já existe uma língua, e ela vai se apropriar da língua ao longo do seu desenvolvimento, num movimento de fora para dentro, pois a língua está fora da criança. O primeiro uso da língua é a fala socializada, é a fala da criança para os outros, com os outros. E o ponto de chegada da língua é o discurso interior, é quando a criança incorpora um sistema simbólico no seu aparato psicológico. Ela pensa com o suporte das palavras, dos conceitos, com o modo de pensar da língua, sem precisar externalizar. Entre o que acontece fora e o que acontece dentro ocorre um momento do desenvolvimento chamado de *fala egocêntrica*. A criança fala para si mesma, acompanhando sua ação, na tentativa de atingir seu objetivo. Ela explicita para si mesma seus passos de raciocínio: num primeiro momento, fala enquanto age, e a fala da criança é tão importante quanto a ação para atingir o objetivo. Num segundo momento, fala o que vai fazer, e a fala aparece como função planejadora, organizadora. A fala egocêntrica aparece mais quando a criança está posta em situação de dificuldade cognitiva, diante de um desafio (Vigotski 2007). Usando as palavras de Corsino (2006, p. 39), a fala egocêntrica, "além de ser um meio de expressão e liberação de tensão, torna-se um instrumento do pensamento". Na fala egocêntrica, a criança fala alto, uma característica da fala com função de comunicação (formato socializado da língua), com uma função do discurso interior, que é o falar para si. Sobre isso, Vigotski (1991, p. 166) afirma que "a fala egocêntrica é um fenômeno de transição das funções interpsíquicas para as intrapsíquicas, isto é, da atividade social e coletiva da criança para a sua atividade mais individualizada". Dessa forma, a fala egocêntrica deve ser vista como uma forma de transição entre fala exterior e interior e serve, funcionalmente, como a base para a fala interior. Para Vigotski (*ibid.*),

> A função da fala egocêntrica, em resumo, é semelhante à da fala interior: não se limita a acompanhar a atividade da criança; está a serviço da orientação mental, da compreensão consciente; ajuda a superar dificuldades; é uma fala para si mesmo, íntima e convenientemente relacionada ao pensamento da criança.

A brincadeira e o desenvolvimento da criança

A realização da brincadeira se configura como forma de apreensão e significação de regras, códigos culturais e papéis sociais. Propiciando a emergência de Zonas de Desenvolvimento Iminente, a brincadeira promove avanços qualitativos para o desenvolvimento e a aprendizagem. É necessário, portanto, compreender a brincadeira como atividade e espaço privilegiado para a construção de significações, de modo que ela se constitui "como uma forma peculiar e específica da atividade humana pela qual as crianças se apropriam da experiência social da humanidade e se desenvolvem como personalidade" (Nascimento, Araújo e Migueis 2009, p. 295).

Vigotski (2007, pp. 108-109) chama atenção para a tendência da criança de satisfazer seus desejos imediatamente e para a tensão resultante quando grande quantidade de desejos não pode ser realizada de imediato. Buscando resolver essa tensão, "a criança em idade préescolar envolve-se num mundo ilusório e imaginário onde os desejos não realizáveis podem ser realizados, e esse mundo é o que chamamos de brinquedo".[4] O autor ressalta a perda da força determinadora dos objetos na brincadeira, pois a criança se relaciona com o significado das coisas e não com os próprios objetos.

> Na idade pré-escolar ocorre, pela primeira vez, uma divergência entre os campos do significado e da visão. No brinquedo, o pensamento está separado dos objetos, e a ação surge das ideias e não das coisas: um pedaço de madeira torna-se um boneco, e um cabo de vassoura torna-se um cavalo. (*Ibid.*, p. 115)

O que, para uma criança muito pequena, é impossível pela fusão entre o significado e o que é visto, para uma criança um pouco maior não é, pois ela separa o campo do significado do campo da percepção visual. Dessa forma, a brincadeira promove um descolamento do mundo perceptual imediato e faz com que a criança se relacione com o mundo do significado, o que a auxilia na entrada no mundo simbólico. Entretanto, "uma criança não se comporta de uma maneira puramente simbólica no brinquedo; em vez disso, ela quer e realiza seus desejos, permitindo que as categorias básicas da realidade passem através de sua experiência" (*ibid.*, p. 119). Dessa forma, "a criação de uma situação imaginária não é algo fortuito na vida da criança; pelo contrário, é a primeira manifestação da emancipação da criança em relação às restrições situacionais" (*ibid.*, p. 117).

A brincadeira, contudo, é regida por regras, e a imposição de regras vem do funcionamento da cultura. Sobre isso, Vigotski (*ibid.*, p. 110) afirma:

> A situação imaginária de qualquer forma de brinquedo já contém regras de comportamento, embora possa não ser um jogo com regras formais estabelecidas *a priori*. A criança imagina-se como mãe e a boneca como criança e, dessa forma, deve obedecer às regras do comportamento maternal.

---

4. Para Prestes (2013, p. 109), a tradução da palavra russa *igra* seria "atividade de brincar" e não "brinquedo".

Assim, "o que na vida real passa despercebido pela criança, torna-se uma regra de comportamento no brinquedo" (*ibid.*, p. 111). Desse modo, as crianças não apenas reproduzem a realidade, elas também se apropriam das referências culturais de suas experiências e as recriam. Brincando, "as crianças aprendem a olhar e compreender o mundo e a si mesmas de outras perspectivas" (Borba 2006, p. 46). Para Vigotski, então, o brincar é fonte de aprendizagem e impulsiona o desenvolvimento. Segundo o autor, a atividade de brincar cria uma Zona de Desenvolvimento Iminente na criança, porque, na brincadeira, "a criança sempre se comporta além do comportamento habitual de sua idade, além de seu comportamento diário; no brinquedo, é como se ela fosse maior do que é na realidade" (Vigotski 2007, p. 122). Agir em situações imaginárias, criar intenções voluntárias e formular planos da vida real fazem do brincar o mais alto nível de desenvolvimento nessa faixa etária. Dessa perspectiva, Vigotski afirma que "a criança desenvolve-se, essencialmente, através da atividade de brinquedo" (*ibid.*).

Criação e imaginação

Vigotski (2009) chama de atividade criadora aquela em que se cria algo novo. Pode ser apenas um objeto do mundo externo ou uma criação da mente ou do sentimento. Observando o comportamento humano, é possível verificar dois tipos principais de atividade: uma atividade reconstituidora ou reprodutiva – ligada intimamente à memória – e uma atividade combinatória, criadora, construtiva – a imaginação.

A base orgânica da atividade reprodutiva é a enorme plasticidade do cérebro humano: nossa substância nervosa é alterada, mas conserva as marcas dessa alteração. Nosso cérebro e nossos nervos, sob diferentes influências, modificam sua estrutura com facilidade e, quanto mais fortes e frequentes forem os estímulos, mais serão conservadas as marcas dessas modificações. Vigotski compara o que ocorre no nosso cérebro com o que ocorre com uma folha de papel quando a dobramos ao meio: "No local da dobra, fica a marca resultante da modificação feita, bem como a predisposição para repetir essa modificação no futuro" (*ibid.*,

p. 12). Nosso cérebro, então, "mostra-se um órgão que conserva a nossa experiência anterior e facilita a sua reprodução" (*ibid.*, p. 13).

Já a atividade combinatória ou criadora está relacionada à criação de novas imagens ou ações, e não à reprodução de impressões ou ações anteriores da própria experiência. O cérebro se mostra um órgão que não apenas "conserva e reproduz nossa experiência anterior, mas também o que combina e reelabora, de forma criadora, elementos da experiência anterior, erigindo novas situações e novo comportamento" (*ibid.*, p. 14). Dessa forma, percebe-se o ser humano como um ser que se volta não só para o passado, mas também para o futuro, construindo e modificando o presente. O autor destaca, desse modo, o potencial transformador da atividade criadora, que nos possibilita planejar, projetar e construir nossas próprias condições de existência. Essa capacidade de combinação do nosso cérebro é chamada de imaginação.

A imaginação não se cria do nada, e sim de elementos da realidade e da experiência presente e passada. Sobre isso, Vigotski afirma que "a atividade criadora da imaginação depende diretamente da riqueza e da diversidade da experiência anterior da pessoa, porque essa experiência constitui o material com que se criam as construções da fantasia" (*ibid.*, p. 22). Além disso, é base de toda atividade criadora e se manifesta em todo o mundo da cultura, em tudo o que foi criado pelo ser humano. Sendo assim, "a imaginação não é um divertimento ocioso da mente, uma atividade suspensa no ar, mas uma função vital e necessária (*ibid.*, p. 20), e a criação, condição necessária da existência" (*ibid.*, p. 18).

Em crianças, observamos processos de criação que se manifestam principalmente nas brincadeiras. Como já mencionado, "a brincadeira da criança não é apenas uma simples recordação do que vivenciou, mas uma reelaboração criativa de impressões vivenciadas" (*ibid.*, p. 17).

As contribuições de Vigotski permitem refletir sobre as condições e as possibilidades da criação humana, da criação individual entretecida na construção histórica. A imaginação é constituída pelas experiências anteriores, pelas experiências de outrem, é sempre fruto de seu próprio tempo, do contexto social em que a pessoa que cria está inserida e das influências desse tempo e da cultura sobre a pessoa. Assim, é necessário ampliar as experiências das crianças, a fim de criar bases sólidas para suas atividades de criação e, consequentemente, seu desenvolvimento e sua interação com o contexto sociocultural.

As crianças como atores sociais: Contribuições da sociologia da infância[5]

Durante séculos, as crianças foram representadas como seres humanos em miniatura – seres sociais "em trânsito" para a vida adulta –, e era válido estudá-las apenas pela sua incompletude e imperfeição. É comum os adultos verem as crianças de forma prospectiva, visando ao que se tornarão: futuros adultos, com um lugar na ordem social e com contribuições a dar a ela. Ainda atualmente, as demandas infantis são causa de preocupação, mesmo de teóricos, como problemas sociais a serem resolvidos. Além disso, a sociedade confinou as crianças ao espaço privado: ao cuidado da família e das instituições sociais. Assim, em virtude de sua posição subalterna nas sociedades, durante muito tempo, as crianças foram não apenas ignoradas, mas marginalizadas nos estudos sociológicos. Tradicionalmente, são estudadas pela sociologia na condição de alunas ou em situação de desvio. Desse modo, são empurradas para as margens da estrutura social, pois são consideradas ameaças para sociedades atuais e futuras. Segundo Sarmento (Sarmento e Gouvea 2008, p. 20):

> As crianças, não sendo consideradas como seres sociais plenos, são percepcionadas como estando em vias de o ser, por efeito da ação adulta sobre novas gerações, se as crianças são o "ainda não", o

---

5. Serão abordados os estudos de Manuel José Jacinto Sarmento Pereira – professor associado do Departamento de Ciências Sociais de Educação da Universidade do Minho, Portugal; Maria Manuela Martinho Ferreira – professora associada do Departamento de Ciências da Educação da Universidade do Porto, Portugal; Willian Arnold Corsaro – professor emérito do Departamento de Sociologia da Indiana University, Estados Unidos.

"em vias de ser", não adquirem um estatuto ontológico social pleno, no sentido em que são verdadeiros entes sociais, completamente reconhecíveis em todas as suas características, interativos, racionais, dotados de vontade e com capacidade de opção entre valores distintos, nem se constituem, como um objeto epistemologicamente válido, na medida em que são sempre a expressão de uma transição, incompletude e dependência.

Nos últimos 30 anos, entretanto, houve um crescente número de trabalhos e pesquisas relacionados ao estudo sociológico das crianças e da infância, apresentando novas abordagens e até transformando abordagens tradicionais. Um dos motivos para isso é a aproximação de sociólogos de outros grupos subordinados, especialmente de minorias sociais e de mulheres, a questões da vida das crianças. Além desse, há as próprias mudanças no campo da sociologia, como a ascensão de perspectivas teóricas interpretativas e construtivistas, que colocam a tônica na ação social (Corsaro 2011).

A sociologia da infância surge nesse contexto e busca colocar as crianças no centro da cena, baseada no entendimento de que suas culturas e suas relações sociais devem ser estudadas em si mesmas, no presente, e no que elas dizem e não apenas no que os adultos dizem sobre elas. Baseia-se na compreensão de que as crianças são atores sociais ativos e criativos, que produzem suas próprias e exclusivas culturas infantis, enquanto, simultaneamente, contribuem para a produção do mundo adulto. A infância – período socialmente construído, em que as crianças vivem suas vidas – é uma forma estrutural, uma categoria estrutural permanente, tendo em vista que não pode haver sociedades sem infância. As crianças, assim, são membros e operadores de suas infâncias. Para as crianças, a infância é um período temporário; para a sociedade, é uma forma estrutural permanente ou uma categoria que nunca desaparece, embora seus membros mudem e suas características variem historicamente. Nesse sentido, as crianças não estão sendo preparadas para viver em sociedade, porque já vivem em sociedade.

A infância está relacionada a outras categorias estruturais, como classe social, gênero, raça/etnia e grupos etários, e o arranjo estrutural dessas categorias afeta a natureza da infância. Diante disso, a sociologia da infância se ocupa da compreensão da sociedade com base no fenômeno social da infância, não restringindo esse fenômeno a um conceito de imaturidade biológica, mas relacionando-o a uma construção social.

A seguir, serão destacados dois conceitos da sociologia da infância que amparam este trabalho: reprodução interpretativa e cultura de pares.

Reprodução interpretativa e cultura de pares

Grande parte do que é teorizado sobre crianças e infâncias na sociologia diz respeito ao conceito de socialização. De uma perspectiva tradicional, as crianças são entendidas como destinatárias passivas do mundo adulto e, dessa forma, adaptam-se à sociedade e a internalizam. A sociologia da infância propõe a inversão desse olhar: as crianças são atores no processo de socialização, e este é entendido como um processo de apropriação e reinvenção, não apenas reprodução do mundo adulto. Nesse processo, considera que a complexidade de variáveis sociais – em que relações de classe, gênero e raça/etnia se associam a características interindividuais – torna o processo de transmissão de saberes e valores muito mais complexo do que propõe a concepção tradicional de socialização (Sarmento e Gouvea 2008).

Nessa abordagem, Corsaro (2011) propõe o termo *reprodução interpretativa* no lugar de socialização, acreditando que o primeiro abrange aspectos criativos de participação das crianças na sociedade, ao passo que o segundo apresenta uma conotação individualista e progressiva. Entende-se, assim, que a criança participa ativamente no mundo e, ao mesmo tempo, afirma-se diferente dele (Ferreira 2010).

Para Corsaro (2011), essa visão considera que a criança não é receptáculo passivo do mundo adulto. As crianças têm vivências próprias, inseridas na cultura, e maneiras próprias de expressar o que entendem sobre o mundo. E é "neste processo de atribuir significados à realidade e às relações sociais que se forja o patrimônio cultural inerente ao grupo de crianças, permitindo que se fale de cultura de pares" (*ibid.*, p. 4). O autor define *cultura de pares* "como um conjunto estável de atividades ou rotinas, artefatos, valores e interesses que as crianças produzem e compartilham na interação com seus pares" (Corsaro 2005, p. 1).

Essa abordagem "dá ênfase especial às atividades práticas da criança, em sua produção e participação na cultura de pares", criada com base na estrutura da cultura adulta. Dessa forma, "essa visão de infância considera a importância do coletivo, como as crianças negociam, compartilham e criam culturas com os adultos e com os seus pares" (Corsaro 2011, p. 30).

Criança tem voz: Cidadania da infância

Segundo Ferreira (2002), as principais preocupações da sociologia da infância têm a ver com evidenciar, por um lado, que o modo pelo qual nós, adultos, vemos as crianças interfere no modo pelo qual nos relacionamos com elas e, por outro, que as crianças são atores sociais dotados de pensamento crítico e reflexivo. Para a autora, reconhecer as crianças como atores sociais requer do adulto/educador, além de atenção e preocupação em escutá-las, tornar-se um intérprete e tradutor competente delas, e "isso não é possível sem estar disposto a deixar-se surpreender pelas crianças e a seguir atrás delas para aceder aos seus mundos" (*ibid.*, p. 2). Essa postura do adulto implica reflexões acerca das relações desiguais de poder entre adultos e crianças, de forma que aceite inversão de posições e papéis tradicionais e promova a participação das crianças na tomada de decisões que lhes dizem respeito, como no planejamento do cotidiano de instituições educacionais.

Reconhecer a criança como ator social significa, também, ter a consciência de que há desigualdade entre grupos etários, classe social, gênero e raça/etnia, ou seja, não é a mesma coisa ser mais velho ou mais novo, ser pertencente à classe média ou morador de favela, ser menino ou menina, ser uma criança branca, negra ou indígena. Dessa forma, a sociologia da infância contribui para pensar a prática pedagógica no sentido de desenvolver nos educadores uma sensibilidade em relação aos processos sociais que impregnam tanto o cotidiano de creches, pré-escolas e escolas como as relações entre crianças e destas com os adultos, no intuito de desconstruir as sutilezas que se revestem nas relações de poder e opressão.

As crianças como pessoas: Contribuições da filosofia do diálogo

> *Para podermos sair de nós mesmos em direção ao outro é preciso, sem dúvida, partirmos do nosso próprio interior, é preciso ter estado, é preciso estar em si mesmo. O diálogo entre meros indivíduos é apenas um esboço; é somente entre pessoas que ele se realiza. Mas por que meios poderia um homem transformar-se tão essencialmente, de indivíduo em pessoa, senão pelas experiências austeras e ternas do diálogo, que lhe ensinam o conteúdo ilimitado do limite?*
> Buber (2009, pp. 55-56)

Da perspectiva da filosofia do diálogo, só é possível compreender o ser humano na relação com o outro, com o mundo, com o contexto histórico. Essa relação é estabelecida pelo diálogo, entendido como palavra-ato com força instauradora do ser. Essa palavra-ato traz uma implicação com o outro, uma responsabilização pela vida.

É na obra *Eu e tu*, publicada em 1923, que Martin Buber[6] trata do sentido do humano. Para ele, o *eu* só existe com um *tu*, na medida em que eu o aceite em sua totalidade, de forma que ele se torne presença para mim. Trata-se de um convite para uma existência autêntica, que se expressa apenas na relação dialógica. O sentido do humano, assim, é a relação com o outro, com o mundo (Buber 1974).

---

6. Filósofo e teólogo judeu, nascido em 1878 em Viena, na Áustria. É conhecido por sua filosofia do diálogo e por seus estudos do hassidismo. Pacifista, defendeu a criação de um estado binacional na Palestina em 1920. Foi expulso da Universidade de Frankfurt pelo nazismo em 1938, quando se vinculou à Universidade Hebraica, em Jerusalém, onde faleceu em 1965. Buber é uma das referências filosóficas do educador brasileiro Paulo Freire (1921-1997). Sobre a aproximação entre as teorias dos dois autores, ver Pena, Nunes e Kramer (2018).

Baseado na compreensão de que o homem é ser de relação e que a relação é o fundamento de sua existência, Buber (*ibid.*) caracteriza duas atitudes distintas do homem em face do mundo, pronunciadas pelas palavras-princípios *Eu-Tu* e *Eu-Isso*. A relação Eu-Tu reflete a atitude do encontro com o outro, na reciprocidade e na confirmação mútua. Revela-se no engajamento, no comprometimento incondicional com o outro. Já o relacionamento Eu-Isso expressa a objetividade. Reflete a atitude de utilização, e o mundo é o objeto de uso e de experiência. Sobre o relacionamento Eu-Isso, Buber discorre que se trata de uma atitude necessária ao homem, "mas que se torna nociva quando se converte na forma preponderante de expressão humana, e engloba a totalidade da verdade, impossibilitando o emergir de respostas nos níveis mais profundos que só podem surgir dos encontros Eu-Tu" (Santiago e Röhr 2006, p. 2).

Para que o encontro Eu-Tu aconteça, é necessário que haja entrega por inteiro, que haja totalidade, pois "a relação de um homem com seu semelhante não envolve somente uma parte de seu ser" (Buber 2008, p. 88). Essa totalidade se vincula à inteireza do sujeito envolvido, de forma que o encontro acontece no *entre*, no espaço onde se realiza o diálogo, na reciprocidade da ação entre os homens.

Concepção de educação

Liberdade e criatividade são palavras de ordem de uma época que via como fundamental desenvolver uma educação "nova" e "progressista", em contraste com o modelo tradicional "velho" e "autoritário". Essa proposta educacional tinha a atividade criadora como a característica essencial da mente humana, indo contra uma visão mecanicista e tecnológica da vida. Buber critica essa nova educação centrada na criatividade do aluno – apesar de reconhecer suas grandes contribuições –, defendendo que, para que as forças criativas da criança se manifestem, há necessidade, também, das forças educativas:

> (...) não é à liberação de um impulso, mas sim às forças que vão ao encontro daquilo que foi liberado que se há de atribuir a influência

decisiva: às forças educacionais. Delas, de sua pureza e afetividade, de seu poder de amor e descrição depende em que ligações o elemento liberado vai agir e, com isso, o que ele se tornará. (Buber, *apud* Santiago e Röhr 2006, p. 6)

É nesse sentido que Buber (2004)[7] se oporá a uma educação baseada somente na formação do impulso criador, que levaria, em última instância, ao isolamento do ser humano, uma vez que esse impulso sozinho não pode conduzir à participação nem à reciprocidade. Para isso, é necessária a presença do outro, o educador. Nesse sentido, o papel do professor não seria apenas ajudar a desenvolver a espontaneidade da criança, como também selecionar o tipo de experiência desejável, com uma atitude intencional para com o educando. Para Buber, a criança *e* o professor estão juntos no centro do processo educativo.

Sobre a ação do professor na sua prática e na relação com os alunos, Buber (*ibid.*) utiliza dois termos: *intenção pedagógica* e *encontro pedagógico*. A intenção pedagógica trata do esforço do educador para obter resultados. Já o encontro pedagógico envolve a educação do caráter; diz respeito a uma postura do educador diante das necessidades concretas do aluno, ajudando-o a posicionar-se diante do mundo. Implica "responder, responder com responsabilidade, dar uma resposta que provavelmente vai mais além da alternativa da pergunta" (*ibid.*, p. 41), na medida em que abre outras possibilidades perante a situação concreta na qual vive o educando. Além de mero cumprimento de objetivos para chegar a determinados resultados, o educador participa da vida dos seres humanos com os quais está em contato e, consequentemente, na medida em que participa imediatamente e sem prejuízo na vida dos educandos, assume a responsabilidade que deriva desse encontro. Para Buber, "pedagogicamente fértil não é a mera intenção pedagógica, e sim o encontro pedagógico" (*ibid.*).

---

7. Foi utilizada neste trabalho a publicação em espanhol, traduzida por Carlos Díaz. Os trechos citados são de nossa tradução do espanhol para o português.

Portanto, para Buber, educação não é um ato impositivo, mas uma relação que exige abertura e requer confiança, para que o educando aceite o educador como pessoa. Essa confiança é adquirida na relação imediata e não na imposição de máximas ou do que é certo e errado, o que não significa se eximir da responsabilidade de exercer a autoridade. A filosofia de Buber permite situar a educação como responsabilidade com o mundo em que vivemos, como responsabilidade com o outro. "Educar significa a possibilidade de conduzir o educando a mudanças na sua relação com o outro, com o mundo, levando-o a pronunciar a palavra *tu*, que significa formar para uma existência autêntica" (Santiago e Röhr 2006, p. 9).

Coação, comunhão e liberdade

Buber (2004) defende que o impulso criador não conduz a criança à participação em um trabalho nem à entrada em uma relação de reciprocidade, que são as duas atitudes imprescindíveis para a construção de uma verdadeira vida humana. Nesse sentido, uma educação fundamentada unicamente sobre o desenvolvimento do impulso criador conduziria a um novo isolamento dos homens. O que conduz a dizer *tu* não é, então, o impulso criador, mas a necessidade dos homens de estabelecer vínculos: "É o desejo de que o mundo chegue a ser para nós pessoa presente, de que venha a nós como nós vamos a ele, de que nos escolha e reconheça como nós o escolhemos e o reconhecemos, de que se confirme em nós como nós nos confirmamos nele" (*ibid.*, p. 17). É esse movimento que leva o homem a estabelecer a comunhão. O polo oposto da comunhão, para Buber (*ibid.*, p. 20), é a coação:

> A coação é uma realidade negativa e a comunhão é uma realidade positiva; liberdade é uma possibilidade, a possibilidade que volta a recuperar-se. O oposto a ser coagido pelo destino, pela natureza e pelos seres humanos não é estar livre do destino, da natureza e dos seres humanos, mas estar intimamente unido e aliado a ele, a ela, a eles (...). A coação na educação é o não estar em comunhão, é humilhação e rebeldia; dessa forma, estar em comunhão significa justamente isso

na educação, estar intimamente unido, ou seja, estar aberto e ligado a outros; liberdade na educação é a possibilidade de comunhão.

Assim, a educação não se encerra na liberdade: a liberdade é o seu ponto de partida, "é o fiel da balança em vibração, é o zero fértil" (*ibid.*), é o ponto criativo, é o momento da possibilidade. Sem ela, nada tem êxito, não há possibilidade de estar presente, de existirem vínculos, de estar engajado na relação, de entrar em comunhão.

Observar, contemplar, tomar conhecimento íntimo

Segundo Buber (2009), há três maneiras de percebermos um ser humano que vive diante dos nossos olhos: *observar*, *contemplar* e *tomar conhecimento íntimo*.

"O observador está inteiramente concentrado em gravar na mente o homem que observa, em anotá-lo" (*ibid.*, p. 41), em desenhar tantos traços quanto possíveis. Observar requer atenção excessiva. É necessário se ater a tantos detalhes quanto possíveis. O desejo do observador é perceber o ser que vive diante de seus olhos; esse ser é objeto para ele, e esse objeto é visto como a soma dos traços que o constituem.

Já o contemplador não está absolutamente concentrado. "Ele se coloca numa posição que lhe permite ver o objeto livremente e espera despreocupado aquilo que a ele se apresentará. Só no início é governado pela intenção, tudo o que se segue é involuntário" (*ibid.*, p. 41). As anotações são indiscriminadas e nem sempre frequentes. Há confiança no trabalho orgânico que conserva o que merece ser conservado.

Ambos, observador e contemplador têm em comum o desejo de perceber o outro que vive diante de seus olhos. Esse outro é para eles objeto separado deles próprios e de suas vidas pessoais. O que experienciam, seja uma soma de traços, no caso do observador, seja uma existência, no caso do contemplador, não exige deles nenhuma ação.

Na tomada de conhecimento íntimo, há encontro com o outro que "diz algo" a mim; algo que se introduz dentro de minha própria vida. "O efeito de ter sido receptor desse dizer é totalmente diferente do efeito de observar e contemplar" (*ibid.*, p. 42). Nesse sentido, "este homem não é meu objeto; cheguei a ter algo a ver com ele. Talvez tenha de realizar algo nele; mas talvez tenha de aprender algo e só se trata do meu 'aceitar'" (*ibid.*). A tomada de conhecimento íntimo requer uma postura receptiva, um ver o outro não como objeto, um aceitar o outro na sua totalidade. "Pode ser um homem, um animal, uma planta, uma pedra" (*ibid.*, p. 43). O que importa é que eu me encarregue de responder: em cada instância que aconteça uma palavra, exigir-se-á uma resposta.

Da teoria à empiria: O encontro com as crianças

> *De quem é o olhar*
> *Que espreita por meus olhos?*
> *Quando penso que vejo,*
> *Quem continua vendo*
> *Enquanto estou pensando?*
> Fernando Pessoa (1976, p. 132)

Crianças e adultos estão imersos na cultura, são autores, produtores de cultura e produzidos nela. Da compreensão de que o ser humano é constituído por fatores externos e internos, intrinsecamente relacionados, deve-se analisar a realidade na sua complexidade. Nas ciências humanas, o pesquisador estabelece um diálogo com seu objeto, que é um sujeito de linguagem. Assim, o conhecimento é construído nas interações entre os participantes da pesquisa, num processo social em que os sentidos são produzidos nos diálogos. Segundo Kramer (2007, p. 25), "a neutralidade, a racionalidade científica, a 'verdade' da 'Ciência' são miragens e, como tal, hipnotizam e nebulizam o olhar crítico que voltamos para o real; cristalizam e emudecem o nosso falar desse real". É preciso enxergar o real nas suas ambiguidades e perceber além do contexto pesquisado, sem deixar de lado sua inserção na história social e a interferência de fatores macroestruturais. O desafio para o pesquisador é compreender a parte das ligações com a totalidade, sem cometer arbitrariedades sobre a realidade (Kramer 2007).

A tentativa de ver os sujeitos diante de meus olhos é marcada, inicialmente, por uma postura de observadora, que tudo anota, que não quer deixar nada escapar. Essa postura é logo percebida pelas crianças, sobretudo em razão da presença do caderno de campo: "Deixa eu desenhar no seu caderno"; "O que você está fazendo aí?" (Caderno de campo, 16 de maio de 2014); "Escreve aí, tia, que está saindo meleca do meu nariz!" (Caderno de campo, 21 de agosto de 2014). O pedido de Yan, em específico, para que eu escrevesse sobre sua meleca, fez com que eu pensasse sobre a maneira pela qual as crianças estavam me vendo: aquela que tenta ver tudo e anotar tudo. As reflexões de Buber (2009) ecoaram em mim: mais do que anotar, é preciso contemplar e, principalmente, tomar conhecimento íntimo.

Outro desafio que experimentei no campo foi mirar meu olhar nas crianças. Nem sempre foi fácil vê-las. Imbuída do compromisso de dar visibilidade ao ponto de vista delas, em alguns momentos, foi necessário ajustar o foco, limpar a lente, desembaçar o olhar. Talvez a minha atuação como coordenadora pedagógica, como também, em alguns momentos, a atuação pouco dialógica da professora com as crianças, tenham me levado, de início, a focar a professora e não as crianças. O esforço da professora em chamar a atenção delas, em controlar o que faziam, também fazia com que meu olhar se voltasse para ela. As crianças, contudo, escapavam do controle da professora e buscavam interações comigo, buscavam o encontro. O evento a seguir ilustra a qualidade das relações estabelecidas no contexto pesquisado:

> Santiago desenhou várias flores em volta do saci. Jéssica olha, pega uma borracha, toma o papel da mão dele e diz: "Apaga isso! A tia vai ver!". Eu não resisto e digo: "Jéssica, deixa as flores dele. Estão tão bonitas!". Ele pega o papel de volta e diz: "Deixa as flores!". Carmem chama Santiago: "Vem escrever seu nome". Ele já escreveu, mas vai. Senta-se ao lado dela, e Carmem diz: "Pinta o fundo de azul". Ele começa a pintar e diz: "Vou falar para a minha mãe que você é linda". Carmem sorri e responde, sem olhar para ele: "Ah é?! Você vai falar para a sua mãe que eu sou linda?", já levantando. Vai até a mesa dela e diz: "Agora a tia vai dar para vocês a dobradura".

Enquanto ela pega o papel para fazer dobradura, algumas crianças pegam alguns brinquedos que estão nas estantes da sala e colocam em cima da mesa para brincar. Santiago diz: "Tia, eu te amo muito!". Ela pisca um olho, olhando para mim, e diz: "Eu também te amo!". (Caderno de campo, 19 de agosto de 2014)

O impacto dessa dimensão relacional que emergiu do campo foi importante para ajustar o foco, recorrer aos referenciais teóricos. Entre diferentes perspectivas de olhares, a pesquisa, como apresentado anteriormente, foi realizada com as contribuições da psicologia histórico-cultural, da sociologia da infância e da filosofia do diálogo, que auxiliaram na construção da visão de criança:

> Pessoa de pouca idade, que produz cultura, é nela produzida, brinca, aprende, sente, cria, cresce e se modifica, ao longo do processo histórico que constitui a vida humana. As crianças são constituídas a partir de sua classe social, etnia, gênero e por diferenças físicas, psicológicas e culturais. (Verbete "criança", de Sonia Kramer e Flavia Motta, em Oliveira, Duarte e Vieira 2010)

Vigotski, ao buscar compreender o desenvolvimento psicológico humano e, consequentemente, da criança, realça o potencial criativo e as especificidades infantis. Desde bem pequena, a criança não se limita a reproduzir fatos ou impressões do mundo adulto, ela articula novas combinações, faz descobertas, inventa, recria e ressignifica experiências vividas. Sua capacidade inventiva e de criação é ressaltada pelo autor, que a entende como sujeito ativo que participa e intervém na realidade. A criança se constitui na relação com o outro, em interação, e suas ações, em especial a brincadeira, são formas de reelaboração do mundo. Seu desenvolvimento é enraizado nas ligações entre sua história individual e a história social, e sua subjetividade se constitui de maneira necessariamente dialógica: a criança constitui seu "eu" em interação com outros "eus". Assim, o outro/o meio assume papel vital na construção do conhecimento. Dessa forma, o desenvolvimento não é previsível, ele depende de diferentes aspectos, e a fonte para o surgimento das características humanas específicas é o meio social. A criança, então, desenvolve-se na relação com o meio, que não é composto apenas de objetos, e sim da mediação do outro na atribuição de sentidos a eles.

Para compreender as crianças, é preciso conhecer os contextos em que estão inseridas e as interações que são estabelecidas. No contexto, circulam conceitos e preconceitos e, embora a descrição seja fundamental, a análise é requisito, por ajudar a revelar as relações e suas ambiguidades. Conhecer as crianças exige, portanto, o estudo de processos e relações – contribuição específica de Vigotski, coerente com sua proposição de fundamentar a psicologia na história e na sociologia, em convergência com a sociologia da infância.

A sociologia da infância entende a criança como ator social. A infância, dessa perspectiva, é entendida como uma categoria geracional socialmente construída. As culturas infantis devem, então, ser estudadas em si mesmas, no presente e se valendo do que elas dizem e não apenas do que os adultos dizem sobre elas.

Buber, apesar de não ter estudado especificamente as crianças, traz contribuições para a compreensão do diálogo como espaço privilegiado de produção de conhecimento de si e sobre o mundo. Sua filosofia contribui para a construção de um olhar sensível para as sutilezas das relações humanas.

Segundo Kramer e Santos (2011, pp. 27-28), estudar e conhecer as crianças requer

> (...) valorização da infância, respeito aos seus conhecimentos científicos e culturais, aos seus afetos, sentimentos e valores, aos seus modos de brincar, falar, se expressar e reconhecimento das diversas influências e modificações políticas e econômicas que mobilizaram as estruturas sociais em determinados períodos históricos.

As três vertentes trazem a perspectiva dialógica para pensar a pesquisa em ciências humanas e contribuem para a compreensão da criança como sujeito potente para dar sentido ao contexto da instituição de educação infantil. A pesquisa com crianças é um processo criativo, considerando-se que se baseia na interação entre crianças e na de crianças e adultos. Os instrumentos metodológicos devem propiciar formas de representações criativas, possibilitando que as crianças expressem as reelaborações criativas do que vivenciaram. Essas estratégias servem como superação de barreiras geracionais e de comunicação. Para tanto, são necessárias, ainda, autorização e aceitação das crianças para a realização da pesquisa.

Partindo dessas premissas, além das observações do cotidiano da turma, com o intuito de garantir que as crianças tivessem espaços para fala e diálogo, foi proposta às crianças a realização de uma oficina de fotografia. Essa estratégia metodológica pareceu oportuna, a fim de tornar viável a expressão do ponto de vista das crianças sobre os espaços da instituição que frequentavam.

A seguir, na terceira e última parte deste livro, são apresentadas as análises das fotografias dos espaços tiradas pelas crianças, entrelaçadas aos diferentes momentos da oficina e às observações do campo.

3
CONHECER OS ESPAÇOS COM AS CRIANÇAS

O seu olhar
Seu olhar melhora
Melhora o meu
Arnaldo Antunes

O que dizem as crianças sobre os espaços da creche? Como elas apresentam esses espaços? O que elas mostram e o que deixam de mostrar? Para onde estão direcionados seus olhares? O que é relevante para as crianças sobre os espaços em que vivem sua infância? A aproximação à perspectiva da criança na pesquisa apresentada neste livro foi realizada por meio da fotografia. As crianças da creche pesquisada foram convidadas a brincar de fotografar os espaços. Para onde apontam suas câmeras? Que imagens suas lentes capturam? O que elas focam? O que deixam de enquadrar? O que dizem as crianças, ao olhar para esses espaços nas fotografias que produziram?

A fim de responder a essas indagações, a estratégia metodológica adotada foi uma oficina de fotografia em dois momentos. No primeiro, realizado em outubro de 2014, foram fotografados os espaços da creche. Para tanto, foram dadas instruções básicas de uso da máquina fotográfica e combinadas regras para a atividade. Foi necessário, também, planejar com as crianças a ordem dos espaços a serem fotografados, traçando assim um percurso. Onze crianças participaram desse momento e tiraram um total de 1.699 fotografias. No segundo momento, realizado em novembro de 2014, a intenção foi conversar sobre as fotografias. Foram selecionadas e apresentadas às crianças 187 fotos, usando um *notebook*. Ao rever as fotos, as crianças puderam olhar novamente para elas e dizer o que queriam mostrar com a imagem e por quê. Além disso, todas as crianças, incluindo as que não estavam presentes no dia da oficina, puderam dar contribuições sobre as fotografias. O diálogo produzido pelo grupo com base na leitura das fotografias foi gravado e, posteriormente, transcrito para análise.

Esta terceira parte do livro apresenta a creche pesquisada, trazendo esses diferentes momentos entrelaçados ao percurso proposto pelas crianças para a brincadeira de fotografar. Além desses momentos, são acrescentados os registros realizados durante o período de observação, no intuito de perceber aproximações ou distanciamentos entre o meu olhar, de pesquisadora, e o olhar das crianças. Olhando através das lentes das teorias apresentadas na segunda parte, seguiremos o caminho percorrido *com* as crianças. Ponto de partida: parquinho; ponto de chegada: "sala da tia". Esta parte termina com algumas reflexões que emergiram durante a oficina, sobre a relação das crianças com as fotografias e o ato de fotografar.

Os espaços de fora

Nós nos sentamos em roda para definir em que ordem os espaços seriam fotografados. Disse às crianças que precisávamos combinar o caminho que faríamos e que eu escreveria a nossa rota. Foi unânime a decisão do parquinho como primeiro lugar a ser fotografado. Em seguida, as crianças sugeriram o "caminho das árvores". Eu não conhecia e perguntei onde era. As crianças responderam que era "onde tem formigas". Preocupada com o tempo da atividade e imbuída de intenção pedagógica, perguntei se era perto do parquinho e se não seria melhor irmos antes ao que ficasse mais perto. A minha lógica de adulta, pesquisadora, mais forte na relação de poder, sobrepôs-se à lógica das crianças: o interesse pelos espaços externos.

> Crianças: Tem o refeitório.
> Liana: E a sala de leitura?
> Crianças: Não, não tem mais sala.
> Liana: Mas não tem mais nada lá?
> Crianças: Não, não tem mais nada. Podemos ir à sala de vídeo.
> Carmem (sentada numa mesa, organizando papéis no canto da sala): O prefeito tirou nossa sala de leitura!
> (Caderno de campo, 9 de outubro de 2014)

Eu sabia que a sala de leitura já não estava funcionando, mas queria fotografias de lá. As crianças sabiam melhor do que eu que não havia sala de leitura, e não fazia sentido para elas fotografá-la. No início do ano, observei apenas uma estante alta com alguns livros nessa sala. Depois, conversando com a orientadora pedagógica, ela informou que foi colocada ali uma piscina de bolinhas, que a escola recebeu como doação, pois estavam com medo de deixar na área externa, por conta de bichos. No entanto, não observei crianças na sala em nenhum dia em que estive na creche. As crianças, com sua insistência, mostraram o quanto eu estava sendo incoerente com a minha proposta e com os meus referenciais teóricos. Eu pedi para *elas* me apresentarem os espaços da creche. Na conversa que se seguiu, acatei o que sugeriram. O roteiro, com o desvio provocado por mim, ficou assim:

1. Parquinho
2. Refeitório
3. Sala de vídeo
4. Caminho das árvores, onde tem formigas e pimenta, que João ficou jogando em todo mundo.

Parquinho

"Vamos primeiro no parquinho!" foi a fala de várias crianças, quase que em coro. Por que as crianças escolheram o parquinho como primeiro lugar a fotografar? Tiriba (2005) chama atenção para o interesse das crianças pelos espaços externos. As crianças se interessam por espaços onde vivenciem experiências significativas para elas. No parquinho, escolhem o que fazer, estão livres para explorar os brinquedos e criar. Não há intenção pedagógica (Buber 2004) por parte da professora. Há possibilidades de escolha, de movimento, de criação, de encontros.

Durante a pesquisa, as crianças da turma observada pouco foram ao parquinho. Havia um horário definido: as turmas de crianças com quatro anos iam ao parquinho uma vez na semana, às sextas-feiras, dia em que as professoras faziam planejamento e as auxiliares ficavam com as crianças. Muitas crianças dessa turma frequentavam a creche desde os dois anos, por isso tinham muita familiaridade com os espaços e os brinquedos, independentemente da frequência de uso no período da pesquisa.

Observando as fotografias, elas apresentaram os brinquedos:

Antônio: Esse é o pato.
Liana (pesquisadora): Pato?!
(Caderno de campo, 24 de novembro de 2014)

 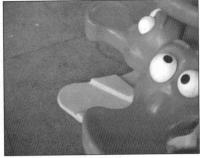

Santiago: É o jacaré que balança.
Liana: Todos esses?
Santiago: É. Todos.
(Caderno de campo, 24 de novembro de 2014)

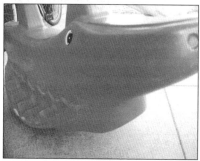

Santiago: É o cavalo de balançar assim [balançando o corpo para frente e para trás].
Eduardo: Ihiiiii [imitando um cavalo].
Antônio: É a minha moto!
Leandro: É minha!
Eduardo: É minha!
Antônio: Quem levantar a mão vai ganhar a motinha?
Santiago: Levantei primeiro!
Antônio: Quem ganhou foi o Eduardo, o Santiago e eu.
(Caderno de campo, 24 de novembro de 2014)

Mesmo não frequentando tanto esse espaço, as crianças mostraram, no que fotografaram e no que disseram sobre o parquinho, que esse espaço é delas. Elas dizem o que são e o uso que fazem do pato, dos jacarés, do cavalo, da moto. É onde podem escolher com o que e como brincar.

> Antônio: É a casinha de escorrega.
> Liana: Do que vocês brincam dentro da casinha?
> Yan: De pai e filho.
> Carmem (professora): E eu tenho que ficar de olho, né?!
> (Caderno de campo, 24 de novembro de 2014)

A "casinha de escorrega" é apresentada pelas crianças como um espaço de brincar "de pai e filho". Apesar de não ter móveis ou outros brinquedos dentro da casa, as crianças fazem desse espaço um lugar de ressignificação de relações familiares. As brincadeiras observadas na casa, entretanto, foram rápidas, não duraram muito. Parece que a falta de outros brinquedos ou elementos próximos (panelas, pedrinhas para fazer comidinha) não convidam a brincadeiras mais calmas. O parquinho, dessa forma, aparece para essa turma como um espaço para correr, pular, escorregar, extravasar, até porque o tempo para isso é curto, e esse é o único espaço da instituição onde tais ações são autorizadas.

A fala da professora – "e eu tenho que ficar de olho" – aponta que algumas brincadeiras acontecem também sem autorização. Além das palavras, o olhar e o tom de sua fala indicam que a brincadeira proibida tem a ver com a descoberta do corpo, do seu e do outro. Em relação a esse tipo de brincadeira, espera-se do adulto uma postura de vigia, de "ficar de olho" para que as crianças não brinquem do que "não pode". O que falam as crianças dessa necessidade de vigilância? Por que não conversar sobre o assunto? Os próprios limites dos adultos e a falta de fundamentação e da compreensão dos possíveis casos surgidos naquele ambiente supostamente justificariam o estabelecimento da proibição.

Quando já não há desafios, as crianças criam novos, mas nem sempre os adultos entendem. As crianças fazem outros usos dos brinquedos, que não os esperados pelos adultos, e os adultos parecem não confiar na capacidade da criança de saber o que pode ou não fazer com o seu corpo, o que tem ou não competência para fazer. Algumas crianças, como o Eduardo, que mostrou estar sempre buscando desafios, ficam estigmatizadas como aquelas que fazem sempre o que não pode, mesmo quando a regra não é cabível.

> Uma casinha que está no pátio tem uma escada para as crianças passarem por cima, pelo teto. Eduardo sobe e desce do teto da casinha. Outras crianças também o fazem, mas ele é chamado à atenção a todo o momento. Ele desce do escorregador de frente, de costas, deitado, inventa várias maneiras. Em um momento, pendura-se no escorregador pelo lado. A professora de outra turma grita de longe: "Ô, menino! Ô, garoto! Desce daí!". (Caderno de campo, 11 de setembro de 2014)

A professora da observação acima não era a professora da turma pesquisada. Eduardo, contudo, é muito conhecido na creche, e os adultos se referem a ele como "terrível". Por que não chamá-lo pelo nome? Por que não se aproximar e oferecer segurança para que ele explore o brinquedo de diferentes formas? Por que não auxiliá-lo a descobrir o que ele consegue fazer com o próprio corpo?

Durante a observação das fotografias, as crianças da turma mostraram que Eduardo não é o único que explora o escorregador de diferentes formas. A fala da professora, nesse momento, é ignorada pelas crianças, porque elas se afirmam umas nas outras: "Nós conseguimos!", dizem.

> Liana: Iasmin, o que você estava fazendo?
> Antônio: Ela estava subindo no escorrega.
> Liana: Ela não estava subindo pela escada.
> Carmem: Estava fazendo coisa que não pode.
> Antônio: Eu também subo por aí.
> Liana: Vocês conseguem subir por aqui?
> Antônio: Eu consigo.
> Leandro: Eu consigo
> (Caderno de campo, 24 de novembro de 2014)

> Liana: Do que vocês mais gostam no parquinho?
> Iasmin (indo em direção à pesquisadora para dar um abraço, que esta retribui com um sorriso e um beijo): Eu gostei de tirar fotos no parquinho.
> Liana: O que mais poderia ter nesse parquinho?
> Antônio: Podia ter um tobogã.
> Santiago: Um pula-pula.

Antônio: Uma loja.
Liana: Loja de quê?
Antônio: De brinquedo.
Liana: Para comprar brinquedo?
Santiago: Não. Para ganhar brinquedo.
(Caderno de campo, 24 de novembro de 2014)

Nas fotografias e nas falas das crianças, observam-se elementos que, sendo considerados, levariam à reconfiguração do local para que refletisse os seus desejos e indicasse aos adultos a necessidade de ampliar os referenciais quanto aos tipos e ao formato dos brinquedos, visando ampliar o leque de brincadeiras. Toledo (2014) aponta que os de plástico, os mesmos encontrados em *shopping centers* e clubes, são mais comuns nas instituições de educação infantil. Em poucas instituições, há brinquedos feitos de material natural, como madeira.

Refeitório e cozinha

Eduardo, ao ver a fotografia do refeitório, falou euforicamente: "Olha o nosso refeitório aí!" (Caderno de campo, 24 de novembro de 2014). As crianças logo transformaram a observação das fotografias desse espaço numa brincadeira de falar primeiro o que aparecia.

Santiago: É uma laranja.
Antônio: É um morango. Falei primeiro.
Antônio: Cozinha!
Anderson: Abacaxi!
Morango!
Banana!
Maçã!
Disse primeiro!
Eu que disse!
Mesa! Disse primeiro!
Água!
(Caderno de campo, 24 de novembro de 2014)

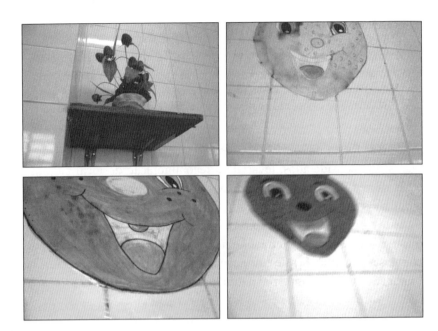

Antônio: É planta de mentira!
Liana: Quem fez esses desenhos que estão na parede do refeitório?
Eduardo: A gente que fez.
(Caderno de campo, 24 de novembro de 2014)

As paredes do refeitório são azulejadas até o teto com alguns desenhos de frutas colados. Eduardo disse que os desenhos foram feitos pelas crianças, embora saibamos que não. Afirmar "a gente que fez" pode apontar que elas deveriam ter feito? As produções das crianças são expostas e valorizadas nessa instituição? As produções expostas como se tivessem sido feitas pelas crianças são de fato feitas pelas crianças?

A altura na qual são colados os desenhos também não é a das crianças. O ângulo das fotografias indica que elas olharam para cima para fotografar. A fotografia, entretanto, deu a elas a oportunidade de acessar aquilo que não estava na altura delas: tocaram com os olhos aquilo que não podiam tocar com as mãos.

No refeitório, o branco, o azulejo e o plástico dão uma sensação de frieza. O espaço da refeição, de sentar-se com o outro, de compartilhar o alimento, de cuidar do corpo é um local pouco acolhedor. A possibilidade de movimento e de desenvolvimento da autonomia também é restrita.

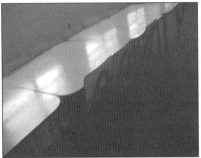

No refeitório, as mesas estão organizadas em duas fileiras. As crianças se sentam juntas em uma delas. Todas se sentam, e Dora coloca o prato com a comida diante de cada uma. Dora permanece em pé e não almoça. Auxilia as crianças que levam mais tempo para comer, dando na boca, em pé, atrás delas. (Caderno de campo, 21 de maio de 2014)

A turma está no refeitório tomando café da manhã. As crianças estão sentadas juntas no mesmo lado do refeitório em que presenciei o almoço em outro dia. Parece que as turmas têm lugar marcado, e as crianças de turmas diferentes não se sentam misturadas. Ao terminar, as crianças não se levantam para jogar no lixo o pote de iogurte vazio ou o pedaço do biscoito que não querem mais. São as professoras que fazem isso. As crianças são mantidas sentadas. Quando todas terminam, Carmem chama as crianças da turma para sair do refeitório. (Caderno de campo, 19 de agosto de 2014)

Como observado, no momento da refeição, as crianças não são autorizadas a se levantar para pegar a comida das mãos da cozinheira nem para dispensar no lixo o que não querem mais comer. Elas são orientadas a se sentar imediatamente e em local predeterminado. Só se levantam quando todos da turma acabam, para se deslocarem juntas.

No dia em que as crianças fotografaram, havia uma jarra d'água sobre a mesa. Apenas quando olhei as fotografias, percebi a presença da jarra, que uma criança usou e outra fotografou. Nos corredores, há bebedouros disponíveis, mas a altura é adequada apenas para as crianças maiores, com quatro ou cinco anos, como é o caso dessa turma. Segundo a orientadora pedagógica, as crianças com dois e três anos bebem água de jarras como aquela, que ficam dentro das salas. As crianças maiores bebem no bebedouro, e essa jarra que fica no refeitório está disponível para uso dos adultos, mas as crianças também podem beber. Questionei sobre o uso das mesmas canecas por várias pessoas – adultos e crianças – tanto nas salas como nos refeitórios. A orientadora explicou que são poucas canecas na creche, cerca de 80. Para que, após o uso, a pessoa lavasse a caneca, seria necessário construir pias, mas a creche não tem verba para isso.

Algumas crianças entraram na cozinha para fotografar as cozinheiras, as panelas, os legumes picados. Durante a pesquisa, foram observados poucos momentos de interação das cozinheiras com as crianças. Na maior parte das vezes, as crianças viam as cozinheiras apenas de longe, rapidamente, pelo vão por onde as educadoras pegam o prato. No entanto, ao observar as fotografias, as crianças demonstram conhecê-las:

> Liana: Quem é ela?
> Antônio: É a tia. A cozinheira.
> Liana: Qual o nome dela?
> Anderson: Mônica.
> Liana: Tem duas pessoas cozinhando. Qual o nome da outra?
> Antônio: Fatinha.
> (Caderno de campo, 24 de novembro de 2014)

> Liana: Vocês já cozinharam aqui na creche?
> Antônio: Não.
> Santiago (olhando para Marta):[1] Você cozinha na sua casa?
> Marta: Cozinho. Você acha que eu tenho cara de que cozinho bem?
> Santiago: Acho. Eu também cozinho.
> Marta: O que você cozinha?
> Santiago: Planta de mentirinha.
> (Caderno de campo, 24 de novembro de 2014)

Como disseram as crianças, elas não têm a experiência de cozinhar na creche. Contudo, mostram-se interessadas no assunto e, mesmo sem a possibilidade de cozinhar, porque na instituição isso é tarefa de adultos,

---

1. Marta Maia foi integrante do grupo de pesquisa Infância, Formação e Cultura (Infoc) e esteve presente durante o segundo momento da oficina, para gravar o áudio da conversa, observar, anotar e fotografar a atividade.

elas cozinham de "mentirinha", elas fazem de conta que são maiores do que são na realidade (Vigotski 2007).

Além disso, aquele alimento que está distante, que aparece no prato, de repente, é capturado pelos olhos das crianças. A vagem verdinha, crua, picada jamais seria vista se não fosse essa incursão fotográfica.

Sala de vídeo

A sala de vídeo é um espaço bastante frequentado na creche. Na situação observada e descrita a seguir, as crianças assistem a curtas-metragens de animação que contam lendas do saci, da iara, entre outras personagens da nossa cultura.

> A turma está na sala de vídeo. Na TV, curtas-metragens de animação de lendas. As crianças estão acomodadas em dois colchonetes grandes, e as adultas (Carmem e Ângela), sentadas em cadeiras. Eu entro, cumprimento quem olha para mim apenas com um sorriso e me sento no colchonete junto com as crianças. Carmem e Ângela insistem para eu pegar uma cadeira no refeitório e não me sentar no chão. Eu agradeço, mas digo que não precisa, que estou bem ali. Anderson se senta no meu colo. As crianças estão atentas à TV e fazem perguntas: "Tia, é uma caverna?". Carmem não responde e pede silêncio. Em alguns momentos, Carmem fala, chamando atenção para alguma cena. No quarto curta-metragem, as crianças começam a dispersar. Carmem percebe e não insiste: "Vamos para a sala pintar o bumba-meu-boi". (Caderno de campo, 21 de agosto de 2014)

Como observado, as crianças manifestam interesse, querem falar sobre o assunto, mas não estão autorizadas a falar. Apenas a professora, imbuída de intenção pedagógica, pode falar para chamar a atenção das crianças para o que ela deseja, para o que ela considera importante. A situação remete à relação que Vigotski (2007) faz da fala com o pensamento. A fala dá suporte ao pensamento, ela o estrutura, e as crianças nessa idade precisam falar para organizá-lo. Proibi-las de falar, então, não seria o mesmo que proibi-las de pensar?

Outro aspecto que chama atenção nessa situação diz respeito aos adultos não poderem se sentar no chão como as crianças. Entendo que Carmem e Ângela estivessem preocupadas com o meu conforto, mas, se não há cadeiras disponíveis para as crianças, por que há de ter para os adultos? Por que não se sentarem juntos, adultos e crianças?

Além dos horários programados de frequência semanal, a sala de vídeo é vista como um local para ficar com as crianças quando a professora da turma falta.

> As crianças estão nos colchonetes, algumas sentadas e outras deitadas. Na TV, desenhos do Bob Esponja. Eu procuro com o olhar um espaço para me sentar. Eduardo vira para mim, estende a mão para que eu segure a dele e me leva para sentar. Eu me sento no colchonete. As crianças já estão há muito tempo assistindo aos vídeos. Ângela diz que está "quebrando um galho", porque a professora não foi e, se ficar com eles lá fora, "eles fazem muita confusão". Então, vai ficar na sala de vídeo com eles até a hora do almoço. Eduardo, Santiago e Anderson estão próximos a mim e brincamos todo o tempo que fiquei na sala. Brincamos de cosquinha, penteado, conversamos baixinho. Algumas crianças prestam atenção na TV e outras estão brincando, conversando baixinho umas com as outras. (Caderno de campo, 11 de setembro de 2014)

A cuidadora chama de "confusão" brincar e correr. O controle dos corpos denota ordem. E as necessidades das crianças? Elas desejam assistir a vídeos e ficar sentadas por horas? E ao que assistem? As fotografias das crianças dizem um pouco sobre o acervo da creche:

Ben 10, Patati Patatá, Hello Kitty...[2] E apontam que aquilo a que as crianças assistem na creche é o mesmo a que assistem em casa, pela televisão ou pela internet. As imagens expostas nas paredes mostram personagens utilizadas pela publicidade para atingir as crianças como consumidoras. Personagens que as crianças e os adultos já conhecem. Não se trata, no entanto, de ignorar o conhecimento das crianças, mas de reconhecer o papel da instituição em propiciar que elas ampliem suas experiências culturais. Além disso, é importante refletir que as imagens disponibilizadas nas paredes de creches, pré-escolas ou escolas não são simples decoração; são textos visuais, impregnados de significados que direcionam e educam o olhar. Além disso, oferecem referenciais para o repertório imagético e o pensamento das crianças (Nunes, Corsino e Kramer 2009; Ostetto 2011).

Sala de leitura que não tem

Ao traçar o percurso para a brincadeira, as crianças não quiseram ir à sala de leitura. Insistiam: "Não, não tem!". Mesmo com a negativa para fotografar a sala de leitura, ao passar pela porta da sala...

> Crianças: E essa sala aqui? A sala de leitura?
> Liana: Está trancada. Querem tirar fotos daí?
> Crianças: Sim, sim.
> (Caderno de campo, 9 de outubro de 2014)

A sala foi aberta para a sessão de fotos. As crianças entraram eufóricas e se jogaram na piscina de bolinhas! Algumas arrancaram os sapatos e entraram com máquina e tudo. Eu pedi cuidado umas com as outras e com as máquinas fotográficas. Falei que era complicado brincar com a máquina dentro da piscina. Algumas crianças estavam fotografando dentro da piscina. Eu pedi as máquinas e elas me entregaram sem hesitar. Outras ficaram

---

2. Essas imagens não foram incluídas no livro por se tratarem de marcas registradas.

tirando fotos da estante de livros. Poucos minutos depois, aquelas que estavam na piscina quiseram sair e pediram a máquina fotográfica de volta.

Liana: Vocês vão nessa sala para ler os livros?
Eduardo: Vamos!
Leandro: Heloísa, ali você!
Liana: Vocês entraram na piscina de bolinha com máquina e tudo.
Antônio: Eu fui dar bola de canhão. Eu e o João. João, a gente não foi dar bola de canhão?
João faz que sim com a cabeça.
(Caderno de campo, 24 de novembro de 2014)

As falas e as fotografias das crianças apontam para o não lugar da leitura/literatura na instituição. As crianças têm razão: não há sala de leitura. Não há um espaço convidativo para crianças e adultos se recostarem e lerem um livro; não há um acervo organizado, bem cuidado, variado e disponível; não há uma pessoa responsável para pensar e planejar a dinamização dos livros pela instituição. Por que o espaço é utilizado para outro fim? Por que as professoras, mesmo sem um profissional exclusivo para isso, não usam esse espaço para a experiência com a literatura? Há tempo para elas organizarem e conhecerem o acervo? A experiência com a literatura é prioridade na proposta pedagógica dessa instituição?

Caminho das árvores

> Yan: Vamos ao caminho das árvores!
> Liana: Não conheço. Onde é?
> Crianças: É onde tem formigas.
> (Caderno de campo, 9 de outubro de 2014)

Após fotografar o refeitório, a sala de vídeo e a sala de leitura, retornamos ao percurso realmente proposto pelas crianças. Ao chegar à área externa, as crianças se espalharam, correndo e procurando lugares para fotografar. A escolha das crianças por esse espaço logo após o parquinho converge com o que aponta Tiriba (2005): as crianças escolhem o contato com a natureza e com o ar livre. E a minha intervenção reforça que nós, adultos, mesmo quando temos o intuito de permitir sermos guiados por elas, temos dificuldade em não as conduzir segundo uma lógica que é nossa e que, para elas, não faz sentido.

Em nenhum dia de observação, as crianças foram vistas nesse espaço, o que não significa que não o conheçam e nunca tenham ido lá. Segundo a orientadora pedagógica, as crianças vão pouco, por conta de formigas e pouca sombra, mas, pelo entusiasmo, pareceu ser um lugar significativo para elas.

Muitas foram as fotografias de plantas. As flores e as folhas chamam a atenção das crianças. E a grama é vista como o "lugar de correr".

> Eduardo: É o poste, a árvore e o lugar de correr [apontando para o gramado entre o poste e o tronco da árvore].
> (Caderno de campo, 24 de outubro de 2014)

Anderson: É pimenta!
Liana: É pimenta?
Antônio: Isso é pimenta. Pimenta que o João fica jogando em mim.
Santiago: Eu dou pimenta para o rato.
Liana: Por que você dá pimenta para o rato?
Santiago: Para ele morrer.
(Caderno de campo, 24 de novembro de 2014)

As crianças imaginam que as frutinhas das árvores são pimentas. Conhecem pimenta vendo adultos comerem, mas não consomem. Baseadas no que veem e ouvem, brincam. O espaço é reconhecido pelas experiências que tiveram ali, pelas culturas de pares que criaram ali, como analisa Corsaro (2011).

Eduardo: É o banco.
Liana: O que vocês fazem nesse banco? Vocês vão lá?
Santiago: Pica folha.

Anderson: Senta.
(Caderno de campo, 24 de outubro de 2014)

"Pode-se dizer das brincadeiras infantis: onde as crianças brincam existe um segredo enterrado", observou o filósofo Walter Benjamin (1987, p. 91). O banco é para sentar-se, mas pode ser também para picar folha. Cada objeto, brinquedo, frutinha pode ser outra coisa e não o que parece. Com seu olhar flexível, a criança consegue *animar* (no sentido do ânima) aquilo que a adultez vai tornando fixo, rijo, inflexível.

Os espaços de dentro

O percurso inicial das crianças se encerrava na área externa. Ainda enquanto dialogávamos sobre o caminho que faríamos, perguntei se gostariam de fotografar a parte de dentro da creche. "Da sala", "do cavalinho colado na porta do armário", responderam (Caderno de campo, 9 de outubro de 2015). Após contornarmos a creche, voltamos ao parquinho. Elas queriam fotografar mais e se lembraram de fotografar dentro do primeiro prédio.

Banheiros

As crianças fotografaram os banheiros infantis. As fotografias mostram o que já foi citado na primeira parte do livro, ao buscar aproximações ou distanciamentos das características do espaço da creche com as orientações do MEC: erros na instalação de equipamentos, como a altura das pias, que, por serem altas, não são usadas autonomamente pelas crianças e representam um risco, em virtude da utilização de cadeira para poder lavar as mãos, o rosto e escovar os dentes.

Liana: Eu reparei que essa pia é muito alta para vocês. Vocês conseguem lavar as mãos na pia?
Leandro: Eu subo na cadeira.
Santiago: Ela é gigante!
(Caderno de pesquisa, 24 de novembro de 2014)

Os banheiros e a creche em geral estiveram sempre limpos nos dias de observação. A não disponibilidade de verba para manutenção dos espaços faz com que pareçam sujos à primeira vista. Além disso, por que os materiais utilizados em prédios públicos costumam ser sempre brancos? Esses espaços não merecem um cuidado estético por parte dos profissionais (engenheiros e arquitetos) que os projetam?

Eduardo (olhando para a foto dos chuveiros, muito incomodado): Que foto feia! Que foto feia! Tira!
Liana: Por que você achou essa foto feia?
Eduardo: A parede está feia!
Liana: Tem razão. Está precisando de uma tinta, né?
Eduardo: É. Uma tinta.
Liana: De qual cor você acha que poderia pintar essa parede?
Antônio: Verde!
Santiago: Eu gostaria do banheiro roxo.
Leandro: Amarelo. Azul e amarelo.
(Caderno de campo, 24 de outubro de 2014)

Observando as fotografias, as crianças apresentaram sensibilidade estética em relação ao espaço. A parede do banheiro na imagem evocou sentimentos de desagrado em Eduardo. Segundo Jobim e Souza e Lopes (2002, p. 9), "na foto, o tempo de observação é determinado pelo leitor/observador, que pode inclusive conduzir seu olhar para além do enquadramento dado pelo fotógrafo no momento do clique". O tempo proporcionado para observar a fotografia dos chuveiros permitiu que as crianças voltassem seu olhar ao que julgaram feio e, ainda que provocados por mim, apontaram outras possibilidades estéticas.

Assim como o "feio" provoca sentimentos de reprovação, também atrai os olhares das crianças.

Santiago: Cocô! Cocô!
Antônio: Eca!

Eduardo: Que fedor!
Leandro: Eu que tirei.
Liana: Leandro, por que você quis tirar foto do cocô?
Leandro: Porque eu gosto.
(Caderno de campo, 24 de outubro de 2014)

Salas dos adultos

As crianças também fotografaram salas que não costumam frequentar. No período de pesquisa, não foram observadas crianças nesses espaços. Entretanto, durante a visita para as fotografias, foram recebidas com sorrisos pelos adultos ao entrar.

Liana: E essa sala? Eu ainda não vi essa sala aberta. Vocês já foram lá?
Santiago: É do médico.
Eduardo: Eu já fui.
Liana: Foi fazer o quê?

Eduardo: Para pesar!
Leandro: Eu fui tomar injeção.
Liana: Vocês conhecem o médico que trabalha aí?
Santiago: É doutora!
Liana: Vocês sabem o nome dela?
Anderson: É Carmem [a professora, que tem o mesmo nome, falou no ouvido dele]!
(Caderno de campo, 24 de novembro de 2014)

As crianças, ao tratar desses espaços, não transpareceram ter uma sensação de pertencimento, apesar de conhecê-los. Como é possível observar nas fotografias, esses espaços não são organizados de forma acolhedora para receber as crianças, e nem os adultos. A frieza das cores, o mobiliário de ferro e o tipo de iluminação proporcionam um clima institucional pouco aconchegante e não favorável ao encontro.

Corredor e salas das outras turmas

Além dos banheiros, foram fotografados o corredor e a sala das outras turmas. As fotografias desses espaços permitem observar as práticas proporcionadas às crianças por meio das produções expostas. Que concepções de infância, de proposta pedagógica, de conhecimento e, principalmente, de práticas de leitura e escrita essas produções revelam?

Nas fotografias que as crianças tiraram das paredes do corredor, observamos dobraduras de sapos e de flores, colagem de papel formando desenho de sorvete, jardim feito com carimbo de mãos. Essas produções costumam estar associadas a letras de músicas e são feitas sob a mesma orientação: todas as crianças utilizam as mesmas cores e fazem o trabalho da mesma maneira. Sobre isso, vale retomar o evento já apresentado na primeira parte do livro:

> A atividade é pintar o desenho do saci, xerocado na metade de folha de papel ofício. As crianças estão sentadas nas cadeiras. Uma criança se levanta e Carmem diz: "Vamos sentar!". Em seguida, pede para cada criança pegar o estojo com lápis de cor na mochila (as mochilas estão penduradas no cabideiro). As crianças precisam se levantar. Carmem diz para cada criança pegar o lápis marrom. Antônio diz que não tem marrom. Carmem diz que vai emprestar. Pede, então, para que todos mostrem qual é o lápis marrom, levantando a mão com o lápis. Diz que o corpo do saci é marrom e vai de mesa em mesa,

fazendo uma marca marrom no rosto, no tronco e nos membros do saci de cada criança. Logo depois, marca onde quer que pintem de vermelho: boca, gorro e *short*. Antônio pinta uma parte do corpo de vermelho e Carmem pergunta: "Você é surdo?". Antônio se encolhe na cadeira e pinta o rosto do saci de marrom, com o rosto colado na mesa. (...) Observo Antônio. Ele terminou de pintar como Carmem queria. Está sentado na cadeira, com a cabeça na mesa e o papel ao lado, rolando o lápis de cor de um lado para o outro. (Caderno de campo, 19 de agosto de 2014)

Ostetto (2011), no entanto, analisa a presença da arte na educação infantil e destaca a arte, com base na experiência de Holm (2004), como um processo contínuo e cotidiano, que envolve pesquisa, conquista de autoconfiança e coragem de ir aonde não se conhece. Assim, "apresentar desafios para os quais não se espera uma única resposta é algo distinto de oferecer uma atividade 'para fazer assim', para chegar naquilo que o professor determinou que seria o produto final" (Ostetto 2011, p. 4). Na arte, afirma a autora, não há regras fixas: "Pesquisar, mergulhar no desconhecido para testar novos materiais e formas, experimentar diferentes elementos ainda não apropriados, integram o fazer artístico" (*ibid.*).

O que o evento sinaliza, contudo, é, além de uma visão equivocada do fazer artístico, uma situação de coação. A educação, segundo Buber (2004), só é possível em liberdade. Sem liberdade, não há possibilidade de criação nem de existência de vínculos, de comunhão. Voltando às fotografias, mesmo sem informações sobre as práticas de todas as professoras da creche, podemos pensar num direcionamento das atividades que não possibilita a criação, que não proporciona às crianças a liberdade de exploração de materiais, de invenção, de expressão de singularidades. Algumas crianças, entretanto, buscam brechas para deixar suas marcas nas produções:

> Eduardo pinta o rosto do saci de roxo. Ele se levanta e vem me mostrar. Eu digo que gostei. Ele aponta para o rosto pintado de roxo com um ar de "desobedeci". Eu faço cara de que aprovei. (Caderno de campo, 19 de agosto de 2014)

Pintar um desenho, utilizando as cores que se deseja, precisa ser um ato de rebeldia na creche?

As fotografias das salas das outras turmas também nos remetem à "produção em série" de atividades. Contrastam com essas imagens as palavras de Ostetto (2011, p. 4) sobre a forma de conhecer o mundo dos artistas:

> (...) eles veem o mundo com olhar de espanto, buscam o novo, admitem o estranho, entregam-se à vertigem do desconhecido; colocam-se em posição de escuta, de atenção às coisas, aos objetos, aos outros, cultivando o abismo da dúvida, da ambiguidade.

Entretanto, em creches, pré-escolas e escolas, de modo geral, seguimos amparados por certezas, com medo do desconhecido, do que não podemos controlar. Dessa forma, não há espaço para a imaginação e a criação, para a dúvida ou para o erro.

Sala da tia[3]

A sala da turma pesquisada foi muito fotografada pelas crianças. As figuras nas paredes, nos armários, as letras, os poucos brinquedos, pequenos

---

3. Apesar de não ter sido intenção da pesquisa apresentada neste livro aprofundar esse tema, vale destacar as importantes reflexões de Paulo Freire sobre a utilização

detalhes foram objeto de registro das crianças. No entanto, Santiago, ao observar fotografias da sala, não a identificou como "nossa sala":

> Santiago: É a sala da tia Carmem.
> (Caderno de campo, 24 de novembro de 2014)

As fotografias das paredes da sala[4] apontam pistas para compreender o porquê da identificação por Santiago como sala da professora e não das crianças ou "nossa sala", das crianças e dos adultos que convivem diariamente nesse espaço: muitas Galinhas Pintadinhas. Novamente, observamos a presença de personagens veiculados pela mídia e produzidas pelo mercado, que determina o que é infantil. O material comum nas paredes é o emborrachado, com figuras compradas prontas, sem as marcas das pessoas, crianças ou adultos, da instituição. O alfabeto tem lugar de destaque na parede, bem no alto, de maneira descontextualizada.

Que concepção de linguagem escrita revelam as fotografias tiradas pelas crianças? Observamos alguns registros de letras de música, que provavelmente foram ensinadas para as crianças e cantadas com elas. Percebe-se, entretanto, uma preponderância no uso dos textos como pretexto para o ensino das letras. Nunes, Corsino e Kramer (2009) apontam que essa é uma prática recorrente na educação infantil, assim como as atividades fotocopiadas e o uso de textos para a comemoração de datas do calendário cívico, religioso e comercial.[5]

---

da palavra "tia" em referência à professora, algo ainda tão recorrente em creches, pré-escolas e escolas brasileiras. Em seu livro *Professora sim, tia não: Cartas para quem ousa ensinar* (1997), Freire busca desvelar a ideologia que "manhosamente" aloca a professora numa condição de parentesco, distorcendo sua tarefa profissional e reduzindo sua capacidade de luta política: "*Professoras*, como boas *tias*, não devem brigar, não devem rebelar-se, não devem fazer greve" (p. 9).

4. Assim como as da sala de vídeo, as imagens não foram incluídas no livro por se tratarem de marcas registradas.
5. Sobre a organização do currículo da educação infantil por datas comemorativas, ver Maia (2011, 2016).

Nos eventos relatados a seguir, é possível perceber situações que evidenciam esse tipo de prática:

> Carmem distribui a metade de uma folha de ofício e um lápis para cada criança e diz: "Vocês vão desenhar a estrelinha do mar da história, mas tem que fazer o mar antes. Vamos fazer primeiro no quadro". Chama uma criança para desenhar o mar, depois outra para desenhar o peixinho e outra para desenhar a estrela. Escreve a palavra *estrela* no quadro e diz: "Olha a palavra *estrela*. Começa com que letra?". Faz o mesmo com as palavras *mar* e *peixe*. Na palavra *peixe*, pergunta: "Que letrinha é essa? Eu ensinei ontem". As crianças não respondem e ela diz alto: "Sabe o que é isso? Falta de atenção!". Realmente, as crianças não estão atentas a ela. Estão falando umas com as outras, fazendo cosquinha, rindo. Quando a última criança que ela convocou para fazer o desenho no quadro termina, Carmem diz: "Agora, vocês vão desenhar o fundo do mar como fizeram aqui".
> (Caderno de campo, 14 de agosto de 2014)

Carmem pede atenção e diz: "Agora vocês vão escrever a palavra *saci*". Escreve no quadro e pede para as crianças, em coro, identificarem cada letra. (Caderno de campo, 19 de agosto de 2014)

O quadro-negro tem um lugar central na sala observada. Os olhares das crianças devem estar voltados para ele, e nele a professora instrui, ensina as letras, didatiza a escrita. Observa-se um trabalho com a escrita de caráter mecânico, desprovido de sentido para as crianças, descolado de seus interesses, da vida do grupo. Goulart e Mata (2016), fundamentadas em Vigotski, destacam que a escrita deve ser ensinada como uma atividade cultural "relevante à vida" (Vigotski 2007, p. 143). Para as autoras, "a escrita deve ser cultivada com as crianças, em vez de treinada" (Goulart e Mata 2016, p. 54). Considerando ainda a realidade brasileira, compreendem que

> o papel dos espaços educativos de Educação Infantil seja criar condições culturais de ampliação e aprofundamento da inserção das crianças no *mundo da cultura escrita*. O destaque visa principalmente às crianças de grupos sociais ou de famílias em que a escrita não se corporifica como uma linguagem socialmente significativa no cotidiano. (*Ibid.*; grifo das autoras)

Nesse sentido, o papel da educação infantil é oportunizar às crianças experiências significativas com a escrita. Mais do que o aprendizado das letras, o que está em jogo, conforme determinam as DCNEIs, tendo como eixo de trabalho as interações e a brincadeira, é possibilitar às crianças "experiências de narrativas, de apreciação e interação com a linguagem oral e escrita, e convívio com diferentes suportes e gêneros textuais orais e escritos" (Brasil 2009a, p. 4).[6]

---

6. A coleção Leitura e Escrita na Educação Infantil (Brasil 2016) apresenta importantes contribuições com objetivo de assegurar práticas que respeitem as especificidades da educação infantil. Disponível na internet: http://www.projetoleituraescrita.com.br/publicacoes/colecao, acesso em 11/7/2019.

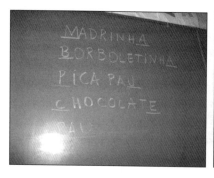 

Além do uso do quadro-negro, a professora cola atividades individuais nos cadernos. Sobre as características dessas atividades, as crianças dizem:

> Santiago: São os cadernos.
> Liana: Vocês fazem o que no caderno?
> Leandro: Estudo.
> Antônio: Atividades.
> Liana: Atividade de quê?
> Anderson: Atividade paranormal.
> Antônio: As coisas que a tia faz, desenho para colorir, as letras...
> (Caderno de campo, 24 de novembro de 2014)

A professora expõe que sua intenção no uso do caderno não é apenas de instrução, mas uma estratégia de controle:

> Eu estou deixando o trabalho da educação infantil um pouco de lado, porque as crianças não sabiam muitas coisas. Li nos relatórios que elas sabiam letras, cores, mas vi que não sabiam nada. Então, para prendê-las, tive que usar o caderno. O caderno prende, elas precisam ter atenção, segurar no lápis, ter carinho com o caderno. (...) Só consigo prender essas crianças com atividade. Se deixar solto, elas pulam até na sua cabeça. (Caderno de campo, 14 de agosto de 2014)

As fotografias e os eventos reforçam, então, uma perspectiva escolar, que segue o modelo de experiências do ensino fundamental, o que já está posto em muitas pesquisas. Além disso, permitem uma reflexão sobre a necessidade de os adultos controlarem as crianças e a inabilidade para lidar com as necessidades infantis. Outras fotografias dessa sala propiciam outras reflexões sobre a qualidade dos materiais e brinquedos:

> Eduardo: É a estante.
> Liana: E o que guarda nessa estante?
> Eduardo: Roupa.
> Liana: Roupa de quem?
> Eduardo: Das crianças.
> (Caderno de campo, 24 de outubro de 2014)

Liana: De quem é esse carro?
Antônio: É da tia Carmem.
Liana: Mas está em cima do armário. Por quê?
Leandro: Porque não pode pegar.
Liana: Por que não?
Leandro: Porque não.
(Caderno de campo, 24 de outubro de 2014)

Nas fotografias, observamos que não há livros na sala. Há apenas alguns poucos brinquedos e nem todos estão organizados ao alcance das crianças. O espaço da "sala da tia" não mobiliza invenção e expressão das crianças. Se está no alto, não há possibilidades.

As crianças, as fotografias e o ato de fotografar

> *– Imagens são palavras que nos faltaram.*
> *– Poesia é a ocupação da palavra pela Imagem.*
> *– Poesia é a ocupação da Imagem pelo Ser.*
> Manoel de Barros (2006, p. 57)

Os poetas, assim como as crianças, estabelecem uma relação direta com as coisas: árvores, folhas, pedras, frutinhas, formigas... A poética de Barros, em particular, aproxima-se ainda mais da forma pela qual as crianças se relacionam com o mundo: a atração pelas inutilidades, pelas gratuidades, pela natureza. A postura dos poetas e das crianças diante da vida nos inspira à liberdade exercitada por meio da reinvenção da linguagem e da abertura às possibilidades.

As crianças, na pesquisa apresentada, exploraram possibilidades usando a máquina fotográfica para registrar seu olhar. A oficina de fotografia escapou de seu próprio objetivo e se revelou uma oportunidade de relação, de conhecimento não apenas sobre o espaço, mas também de conhecimento de si. Este item tem como intuito destacar o compromisso da pesquisa com as produções infantis e mostrar a riqueza do campo empírico e a multiplicidade de questões que extrapolam o problema de pesquisa, sobretudo quando as crianças são sujeitos ativos nela.

Na experiência da oficina de fotografia com as crianças, emergiram reflexões sobre a relação que elas estabeleceram com a câmera. O estar com a máquina fotográfica em punho deu às crianças, além da oportunidade de participação ativa na pesquisa, um empoderamento para a construção de suas imagens. Essa estratégia metodológica possibilitou que pudessem circular livremente pelos espaços da instituição e entrar em locais que, no cotidiano, são proibidos a elas. Expressaram satisfação por me guiar nesse processo, porque eram elas as conhecedoras dos espaços da instituição. A inversão das posições tradicionais – o adulto como condutor e as crianças como conduzidas – foi percebida pelas crianças: "Tia, você não conhece ninguém aqui, né?" (Caderno de campo, 9 de outubro de 2014).

Muitas foram as fotografias das crianças em ação com a máquina fotográfica. Elas fotografaram umas às outras utilizando um instrumento que costuma ser usado apenas pelos adultos. É importante observar que, já em 2014, quando foi realizada a oficina, o celular era mais comumente utilizado para fotografar do que a máquina digital. Durante a oficina, num primeiro momento, tiraram muitas fotografias, demonstrando euforia com a possibilidade de utilizar o instrumento.

Nos primeiros disparos, as crianças fizeram uso comum das máquinas: fotografaram pessoas que estavam na creche, pedindo para que fizessem poses. Todos respondiam às solicitações das crianças com sorrisos. Entretanto, a circulação das crianças pela creche com a máquina fotográfica nas mãos provocou estranheza em alguns adultos: "Você não tem medo de que elas estraguem?" (Caderno de campo, 9 de outubro de 2014). Outros questionaram as crianças sobre o dono da máquina. Uma das crianças respondeu: "É da Lia!". Nesse momento, virei "Lia" para as crianças. Várias crianças começaram a me chamar carinhosamente de Lia. Nossa relação, que já vinha se fortalecendo ao longo do período de observação na turma, durante a oficina, tornou-se ainda mais próxima. Elas pareciam agradecidas pela oportunidade que eu estava proporcionando a elas por meio da pesquisa.

O registro de uma criança enquanto eu amarrava o cadarço de seu tênis, enquadrando ainda a flor que tinha acabado de ganhar de outra criança, permite observar, além de indícios da qualidade da relação entre pesquisadora e crianças, como o foco das crianças mudou no decorrer da oficina. Após a euforia inicial, elas começaram a se ater aos detalhes, apresentando mais calma e concentração durante os disparos. Brinquedos, legumes, livros, pedrinhas, folhas, pés... Muitos pés! O próprio corpo e o corpo do outro foram enquadramentos recorrentes.

 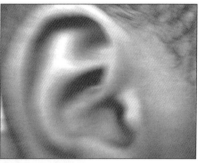

Durante a apreciação das fotografias, as crianças mostraram conhecer bem umas às outras:

> Antônio: É a Jéssica!
> Liana: Como você sabe?
> Antônio (apontando para a sombra na fotografia): Aqui. É ela.
> Eduardo: É o Renan.
> Liana: Vocês conhecem os amigos pela orelha, pela sombra, pelo braço, pela pontinha do dedo.
> Eduardo: Eu conheço.
> (Caderno de campo, 24 de novembro de 2014)

O uso da máquina fotográfica também possibilitou a invenção de narrativas. As crianças atribuíram outros sentidos aos espaços, abrindo para a dimensão lúdica:

> Nicolas: Vamos ali! Ali tem uma porta!
> (É o corredor lateral estreito, do outro lado da creche. Um lugar com muitas plantas.)
> Liana: Vamos chamar todo mundo.
> (Nicolas chamou, e todos chegam "onde tem uma porta". É a casa da residente.)[7]
> Liana: Vocês sabem quem mora aí?
> (Silêncio.)
> Iasmin: É a bruxa!!!
> (E todos saíram correndo, inclusive a pesquisadora.)
> (Caderno de pesquisa, 9 de outubro de 2014)

Assim como brincaram com os espaços, as crianças brincaram ao observar as fotografias:

> Antônio: Eu vou pintar o céu de vermelho.
> Santiago: Eu vou pintar de azul, aqui de amarelo.
> (Várias crianças passam a mão na tela na fotografia como se estivessem pintando com pincel.)

---

7. Como é possível observar na planta baixa a seguir, na p. 136, um funcionário mora em uma casa construída no terreno da creche.

Antônio: Vou pintar de rosa.
Santiago: Vou pintar o céu de branco.
(Caderno de campo, 24 de novembro de 2014)

Também é possível observar sensibilidade estética na produção das imagens. Algumas crianças produziram sequências fotográficas, experimentando perspectivas, ângulos, cores, formas e texturas.

A oficina também proporcionou a esse grupo de crianças experiências de conquista, como no caso de Vinícius, portador da síndrome de Apert, uma doença genética caracterizada por má-formação no crânio, na face, nas mãos e nos pés. Ele tinha os ossos dos dedos dos pés e das mãos unidos, com apenas os dedos polegares um pouco separados. Durante o período de observação, percebi uma recusa da parte dele em realizar as atividades propostas pela professora, principalmente as que exigiam pegar no lápis. Desde a conversa inicial, para definir o percurso da oficina, Vinícius era um dos mais entusiasmados. Nesse momento, expliquei para as crianças que, ao apertar o disparador, apareceria a luz do *flash*. Durante a oficina, Vinícius se mostrou determinado a conseguir fotografar. Após alguns minutos da oficina, depois de muitas tentativas, ele conseguiu e gritou eufórico: "Olha, eu consigo! Olha a luz!" (Caderno de campo, 9 de outubro de 2014).

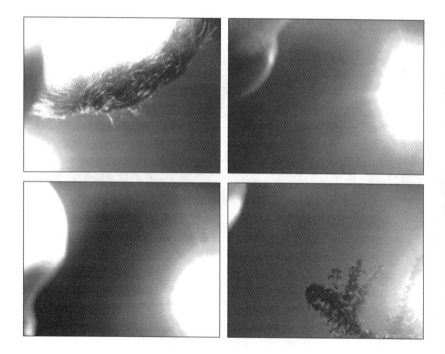

A luz a que Vinícius se referia era a luz do *flash*. No entanto, seus disparos captaram a luz do sol e produziram belas fotografias, que foram comemoradas pelas demais crianças, como é possível perceber na imagem que registra o momento em que ele mostra as fotos na câmera para outro menino da turma. As crianças, nessa situação e em outras, demonstraram atitudes de amizade, o que, para Buber, são atitudes de inclusão. Para o filósofo, amizade é "uma relação dialógica, fundada na experiência concreta e recíproca daquele que inclui o outro" (Buber 2004, p. 29).

Na inclusão, eu participo do mesmo acontecimento, simultaneamente, com o outro, eu com os meus sentimentos e ele com os dele. A inclusão, assim, é um ato de reciprocidade.

Nesta pesquisa, essa atitude de inclusão partiu das crianças. Buber (2004) afirma que, sem inclusão, não é possível educação, que todo ato realmente educativo é um ato inclusivo e, consequentemente, dialógico.

É importante, novamente, ressaltar que a pesquisa utilizou fotografias e observação de um determinado grupo com o intuito de captar pormenores normalmente considerados sem importância ou até triviais. Flagrados pelo meu olhar ou pelos olhares das crianças através das câmeras fotográficas e, tirados do contexto, esses detalhes explicitam práticas dos sujeitos que convivem nessa instituição. As fotografias ou as descrições dos eventos, no entanto, não são a realidade em si, mas um recorte, um ponto de vista nascido entre os olhares para o campo.

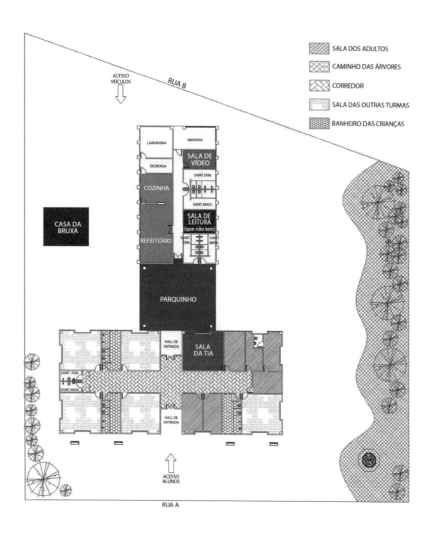

CONSIDERAÇÕES FINAIS: O QUE DIZEM AS CRIANÇAS

Um galo sozinho não tece uma manhã:
ele precisará sempre de outros galos.
De um que apanhe esse grito que ele
e o lance a outro; de um outro galo
que apanhe o grito de um galo antes
e o lance a outro; e de outros galos
que com muitos outros galos se cruzem
os fios de sol de seus gritos de galo,
para que a manhã, desde uma teia tênue,
se vá tecendo, entre todos os galos.

2.
E se encorpando em tela, entre todos,
se erguendo tenda, onde entrem todos,
se entretendendo para todos, no toldo
(a manhã) que plana livre de armação.
A manhã, toldo de um tecido tão aéreo
que, tecido, se eleva por si: luz balão.
João Cabral de Melo Neto, "Tecendo a manhã" (1986, pp. 19-20)

Foi objetivo da pesquisa apresentada neste livro conhecer o que as crianças falam e fazem dos/nos espaços de uma instituição de educação infantil. A epígrafe escolhida aponta que tecer uma manhã só é possível *com* o outro. Ao ler o poema de João Cabral, lembrei-me do processo que vivi nesse movimento de pesquisa. Este livro tem a minha palavra, tecida no diálogo com diferentes olhares, num esforço de aproximação da perspectiva das crianças. Dentro da concepção adotada, não seria possível pensar a problemática analisada sem interlocução direta com as crianças, tendo em vista que a creche é pensada e planejada para elas.

A opção pela fotografia pareceu oportuna. A produção de imagens com a facilidade de um clique possibilitou a aproximação com a perspectiva infantil. As fotografias da pesquisa permitiram ainda refletir sobre o modo de olhar das crianças: cada pedra, cada frutinha caída da árvore, cada descascadinho na parede interessa. Como observou o poeta francês Charles Baudelaire (1996, p. 856): a criança goza "da faculdade de se interessar intensamente pelas coisas, mesmo por aquelas que aparentemente se mostram as mais triviais". Fragmentos do mundo são capturados pelo curioso olhar infantil, atento ao miúdo, àquilo que está ou não ao alcance de suas mãos. Ao adulto, fica o convite para olhar *com* as crianças e habitar novamente esse fragmento de mundo que um dia também lhe interessou. Ainda que não sejam os mesmos fragmentos da infância que viveu, o adulto experimenta pedaços do mundo que, na narrativa imagética da criança, passa a ser novo, inaugural.

Provocada pelo olhar infantil, transformei compreensões sobre a infância e o trabalho educativo desenvolvido em creches, pré-escolas e escolas. Muitas vezes, as crianças mostraram que eu, pesquisadora, professora de educação infantil por mais de uma década, utilizava paradigmas do mundo dos adultos para olhar as especificidades infantis, fazendo emergir minhas ambivalências e contradições. As crianças permitiram uma correção do percurso de pesquisa, sinalizando o que sentem, pensam, entendem sobre os espaços.

Depois da retomada do problema de pesquisa e seus objetivos, este item final apresenta tópicos construídos com base no que dizem as crianças, com as análises e as conclusões mais relevantes do trabalho.

"Vamos primeiro no parquinho!"

Foi unânime o interesse das crianças pelos espaços externos da creche. O parquinho foi o primeiro lugar a ser fotografado, o mais comentado pelas crianças na análise das fotografias e aquele sobre o qual elas tinham mais histórias para contar. A turma pesquisada pouco frequentou o parquinho durante o período de observação, mas foi o único dos espaços externos onde as crianças foram observadas, mesmo a creche tendo uma ampla área externa.

Em relação aos brinquedos do parquinho, as crianças mostraram domínio do corpo para explorá-los de diferentes formas. Como a maioria das crianças da turma frequentava a creche desde os dois anos, já conhecia bem o espaço e buscava sempre a criação de novos desafios para a exploração dos brinquedos. Tais desafios foram reprimidos pelos adultos durante as observações. Percebeu-se, assim, que, apesar da preferência pelo espaço, este poderia ser mais interessante em relação às potencialidades das crianças, conforme elas vão crescendo. Além disso, não havia variedade de materiais. Os brinquedos eram todos de plástico, como os de *shopping centers* e casas de festa infantis.

"Grama é lugar de correr"

Lugar de correr e de estar em liberdade. Foi observado grande esforço para que as crianças permanecessem sentadas nos espaços (sala da turma, refeitório, sala de vídeo). Além do parquinho, elas não tinham oportunidade para realizar movimentos amplos. O primeiro movimento ao chegar à área externa para fotografar foi correr.

Além disso, as crianças narraram, com detalhes, histórias vividas nos espaços externos próximos a árvores e plantas. Pelos relatos, compreende-se que iam muito pouco a esses espaços. Os adultos confirmaram isso. A justificativa foram o sol forte, as formigas. As crianças, no entanto, falaram das formigas com entusiasmo. Falaram, também, sobre picar folhas, fazer comidinhas com plantas, brincar com "pimentas". Os momentos de contato com a natureza foram relatados pelas crianças com muita alegria.

As experiências nos espaços externos não pareceram fazer parte da proposta pedagógica da instituição. Apesar de, na maior parte dos dias observados, a grama estar cortada e não haver sujeira ou entulho na área externa, as práticas observadas não indicaram atenção ao contato com a natureza, ao planejamento de áreas para brincadeiras e jogos, ao cuidado com jardim e horta nem ao atendimento da necessidade das crianças de correr, pular, jogar bola, brincar com areia e água, entre outras atividades. Sendo um espaço tão bonito, poderia ter janelas ou portas que permitissem integração entre as áreas internas e externas.

"Não tem sala de leitura"

Na sala que, um dia, parece ter sido de leitura, foram observadas apenas uma estante alta com um acervo de livros pequeno e desorganizado e uma piscina de bolinhas. Também não foram observados em nenhum outro espaço da instituição livros acessíveis às crianças, contrariando muitos documentos oficiais. As observações do cotidiano mostraram que os livros participavam da rotina das crianças em momentos planejados, geralmente no início do dia ou para "passar o tempo". Os títulos eram sempre escolhidos pelos adultos para serem contados para as crianças e não foram observados diálogos sobre as histórias. Na maioria dos eventos, os adultos não leram os livros conforme os autores os escreveram. Muitas vezes, inventaram, encurtando ou alongando a história, de acordo com o tempo disponível para a atividade. Ao folhearem o livro, também chamou atenção o excesso de descrições de imagens, identificação e nomeação dos elementos que compunham as ilustrações, alinhando-se a uma ideia de instrução, com o objetivo restrito de aprendizado de vocabulário. Trata-se, pois, de histórias (mal) contadas e não de leitura.

"A pia é gigante!"

As crianças sinalizaram que nem todo o mobiliário estava adequado para o tamanho delas. Para alcançar a pia do banheiro, era necessário subir em uma cadeira. Os adultos da instituição mostraram preocupação com o tamanho da pia, falaram que já fizeram pedido para a Secretaria Municipal de Educação para que fosse feita uma obra, mas não foram atendidos.

No entanto, essa preocupação dos adultos – em relação à altura das crianças, sua capacidade de alcançar e usar os diversos materiais e à organização dos espaços, incentivando a autonomia infantil – não foi observada em outros espaços, como nas salas das turmas.

"A sala é da tia"

A sala era "da tia", o lápis de cor marrom era "da tia", o carro em cima do armário era "da tia". As crianças não mostraram ter uma relação de pertencimento com a sala frequentada por elas diariamente. O uso de materiais e brinquedos era, na maior parte das vezes, controlado pelos adultos. Esse controle era possível diante da organização da sala de uma perspectiva escolar, próxima ao modelo do ensino fundamental, de forma que não facilitasse a ação de brincar, o uso independente de brinquedos e materiais e a montagem de cantos de atividades.

Não foram observados, na sala ou em outro espaço da instituição, materiais pedagógicos diversos, em quantidade suficiente e de fácil acesso às crianças, para desenhar, pintar, modelar, construir objetos tridimensionais (barro, argila, massinha), escrever, experimentar. A gestão da instituição sinalizou a necessidade de realização de festas para arrecadar dinheiro para comprar materiais, pois a creche recebia da Secretaria Municipal de Educação apenas material de papelaria em quantidade muito reduzida.

"A parede está feia!"

Observando as fotografias, as crianças demonstraram sensibilidade estética em relação ao espaço. A estratégia metodológica da fotografia facilitou às crianças olhar para os espaços, observando detalhes e evocando sensações que não são provocadas no cotidiano. O tempo proporcionado para observar as fotografias permitiu que voltassem seu olhar para o que julgaram feio e apontassem outras possibilidades estéticas.

"Olha, eu consigo!"

A oficina de fotografia também proporcionou a esse grupo de crianças experiências de conquista. A superação de limites e as belas fotografias foram celebradas pelas crianças com uma atitude de amizade, o que, para Buber, é atitude de inclusão, é "relação dialógica, fundada na experiência concreta e recíproca daquele que inclui o outro" (2004, p. 29). Nesta pesquisa, essa atitude de inclusão partiu das crianças. Para o mesmo autor, sem inclusão, não é possível educação; todo ato realmente educativo é um ato inclusivo e, consequentemente, dialógico. As crianças, na sua busca incansável pelo encontro com seus pares e com os adultos, dirigem nosso olhar para a importância de uma formação docente, inicial e continuada, que aborde aspectos relacionais e estéticos e que, sobretudo, aproxime os adultos de perspectivas infantis.

Este estudo foi desenvolvido com o compromisso de valorizar a participação infantil, tendo em vista o direito das crianças de expressar suas opiniões e intervir em decisões que tenham algum impacto sobre elas. Dessa forma, buscou-se vencer o desafio de garantir espaço de fala para as crianças, minoria que nem sempre, mesmo com todo o avanço legal, tem seus desejos e visões contemplados pelos adultos. Como foi possível observar, as crianças têm muito a dizer!

João Cabral de Melo Neto, em seu poema, aqui utilizado como epígrafe, relaciona presente e futuro: os galos tecem, juntos, a manhã que descortina o amanhã. É preciso que nós, adultos/educadores, assumamos nossa responsabilidade no processo de construção do presente e anunciação do porvir. Nesse processo, é imprescindível o diálogo com as crianças. Atentos às sutilezas dessas relações, podemos construir, "fio a fio", um novo amanhã.

REFERÊNCIAS BIBLIOGRÁFICAS

ABRAMOWICZ, A. e CRUZ, A.C.J. (2016). "Alguns apontamentos: A quem interessa a Base Nacional Comum Curricular para a educação infantil?". *Debates em Educação*, v. 8, jul.-dez., Maceió, pp. 46-65.

ANTUNES, A. (1995). "O seu olhar". *In:* ANTUNES, A. *Ninguém.* São Paulo: BMG. 1 CD, faixa 9.

ARENDT, H. (2005). "A crise na educação". *In:* ARENDT, H. *Entre o passado e o futuro*. Trad. Mauro W. Barbosa de Almeida. 5ª ed. São Paulo: Perspectiva.

BARBOSA, S.N.F. (2004). "Nas tramas do cotidiano: Adultos e crianças construindo a educação infantil". Dissertação de mestrado em Educação. Rio de Janeiro: Pontifícia Universidade Católica do Rio de Janeiro.

_____ (2013). "'Vem, agora eu te espero!' – Institucionalização e qualidade das interações na creche: Um estudo comparativo". Tese de doutorado em Educação. Rio de Janeiro: Pontifícia Universidade Católica do Rio de Janeiro.

BARBOSA, I.G.; SILVEIRA, T.A.T.M. e SOARES, M.A. (2019). "A BNCC da educação infantil e suas contradições: Regulação versus autonomia". *Retratos da Escola*, v. 13, n. 25, jan.-maio, Brasília, pp. 77-90.

BARROS, M. de (1999). *Exercícios de ser criança*. Rio de Janeiro: Salamandra.

_____ (2006). *O guardador de águas.* 5ª ed. Rio de Janeiro: Record.

BASÍLIO, L.C. e KRAMER, S. (2003). *Infância, educação e direitos humanos.* São Paulo: Cortez.

BAUDELAIRE, C. (1996). "O pintor da vida moderna". *In*: BAUDELAIRE, C. *Sobre a modernidade.* Org. Teixeira Coelho. Rio de Janeiro: Paz e Terra, pp. 851-881.

BENJAMIN, W. (1987). *Rua de mão única. Obras escolhidas II.* Trad. Rubens Rodrigues Torres Filho e José Carlos Martins Barbosa. São Paulo: Brasiliense.

BORBA, A.M. (2006). "A brincadeira como experiência de cultura". *In:* BRASIL. *Salto para o futuro. O cotidiano na educação infantil.* Boletim 23. Brasília: MEC/Sead, pp. 46-54.

BOSI, A. (1999). "Machado de Assis: O enigma do olhar". *Revista Cult*, abril.

BRANCO, J.C. (2012). "A presença do discurso religioso em uma escola de educação infantil da rede pública de ensino do município de Duque de Caxias". Dissertação de mestrado em Educação. Rio de Janeiro: Universidade Federal do Rio de Janeiro.

BRASIL (1988). *Constituição da República Federativa do Brasil de 1988.* [Disponível na internet: http://www.planalto.gov.br/ccivil_03/constituicao/constituicao.htm, acesso em 22/7/2019.]

_____ (1990). Estatuto da Criança e do Adolescente. Lei n. 8.069, de 13 de julho. [Disponível na internet: http://www.planalto.gov.br/ccivil_03/leis/l8069.htm, acesso em 22/7/2019.]

_____ (1993). *Política nacional de educação infantil: Pelo direito das crianças de zero a seis anos à educação.* Brasília: MEC/SEF. [Disponível na internet: http://portal.mec.gov.br/seb/arquivos/pdf/pol_inf_eduinf.pdf, acesso em 22/7/2019.]

_____ (1995). *Critérios para um atendimento em creches que respeite os direitos fundamentais das crianças.* Brasília: MEC/SEF/DPE/Coedi. [Disponível na internet: http://portal.mec.gov.br/dmdocuments/direitosfundamentais.pdf, acesso em 22/7/2019.]

_____ (1996a). Lei de Diretrizes e Bases da Educação Nacional. Lei n. 9.394, de 20 de dezembro. [Disponível na internet: http://www.planalto.gov.br/ccivil_03/leis/l9394.htm, acesso em 22/7/2019.]

_____ (1996b). Lei n. 9.424, de 24 de dezembro. Dispõe sobre o Fundo de Manutenção e Desenvolvimento do Ensino Fundamental e de Valorização do Magistério, na forma prevista no art. 60, § 7º, do Ato das Disposições Constitucionais Transitórias, e dá outras providências. [Disponível na internet: http://www.planalto.gov.br/ccivil_03/LEIS/L9424.htm, acesso em 22/7/2019.]

_____ (1998). *Referencial curricular nacional para a educação infantil.* 3 v., il. Brasília: MEC/SEF. [Disponíveis na internet: http://portal.mec.gov.br/seb/arquivos/pdf/rcnei_vol1.pdf, http://portal.mec.gov.br/seb/arquivos/pdf/volume2.pdf e http://portal.mec.gov.br/seb/arquivos/pdf/volume3.pdf, acesso em 22/7/2019.]

_____ (1999). Resolução CEB n. 1, de 7 de abril. Institui as Diretrizes Curriculares Nacionais para a Educação Infantil. [Disponível na internet: http://portal.mec.gov.br/dmdocuments/resolucao_ceb_0199.pdf, acesso em 22/7/2019.]

_____ (2001). *Diretrizes nacionais para a educação especial na educação básica.* Brasília: MEC/Seesp. [Disponível na internet: http://portal.mec.gov.br/seesp/arquivos/pdf/diretrizes.pdf, acesso em 22/7/2019.]

_____ (2006a). Lei n. 11.274, de 6 de fevereiro. Altera a redação dos arts. 29, 30, 32 e 87 da lei n. 9.394, de 20 de dezembro de 1996, que estabelece as diretrizes e bases da educação nacional, dispondo sobre a duração de 9 (nove) anos para o ensino fundamental, com matrícula obrigatória a partir dos 6 (seis) anos de idade. [Disponível na internet: http://www.planalto.gov.br/ccivil_03/_ato2004-2006/2006/lei/l11274.htm, acesso em 22/7/2019.]

_____ (2006b). *Política nacional de educação infantil: Pelo direito das crianças de zero a seis anos à educação.* Brasília: MEC/SEB. [Disponível na internet: http://portal.mec.gov.br/seb/arquivos/pdf/polinaci.pdf, acesso em 22/7/2019.]

_____ (2006c). *Parâmetros básicos de infra-estrutura para instituições de educação infantil.* Brasília: MEC/SEB. [Disponível na internet: http://portal.mec.gov.br/seb/arquivos/pdf/Educinf/miolo_infraestr.pdf, acesso em 22/7/2019.]

_____ (2006d). *Parâmetros nacionais de qualidade para a educação infantil.* Brasília: MEC/SEB. [Disponível na internet: http://portal.mec.gov.br/seb/arquivos/pdf/Educinf/eduinfparqualvol1.pdf, acesso em 22/7/2019.]

_____ (2007a). *Ensino fundamental de nove anos: Orientações para a inclusão das crianças de seis anos de idade.* Brasília: MEC/SEB/DPE/Coef. [Disponível na internet: http://portal.mec.gov.br/seb/arquivos/pdf/Ensfund/ensifund9anobasefinal.pdf, acesso em 22/7/2019.]

_____ (2007b). Resolução CD/FNDE n. 6, de 24 de abril. Estabelece as orientações e diretrizes para execução e assistência financeira suplementar ao Programa Nacional de Reestruturação e Aquisição de Equipamentos para a Rede Escolar Pública de Educação Infantil – Proinfância. [Disponível na internet: https://www.fnde.gov.br/index.php/acesso-a-informacao/institucional/legislacao/item/3130-resolu%C3%A7%C3%A3o-cd-fnde-n%C2%BA-6-de-24-de-abril-de-2007, acesso em 22/7/2019.]

_____ (2007c). Lei n. 11.494, de 20 de junho. Regulamenta o Fundo de Manutenção e Desenvolvimento da Educação Básica e de Valorização dos Profissionais da Educação – Fundeb, de que trata o art. 60 do Ato das Disposições Constitucionais Transitórias; altera a lei n. 10.195, de 14 de fevereiro de 2001; revoga dispositivos das leis n. 9.424, de 24 de dezembro de 1996, n. 10.880, de 9 de junho de 2004, e n. 10.845, de 5 de março de 2004; e dá outras providências. [Disponível na internet: http://www.planalto.gov.br/ccivil_03/_ato2007-2010/2007/lei/l11494.htm, acesso em 22/7/2019.]

_____ (2009a). Resolução CNE/SEB n. 5, de 17 de dezembro. Fixa as Diretrizes Curriculares Nacionais para a Educação Infantil. [Disponível na internet: http://www.seduc.ro.gov.br/portal/legislacao/RESCNE005_2009.pdf, acesso em 22/7/2019.]

_____ (2009b). *Critérios para um atendimento em creches que respeite os direitos fundamentais das crianças.* Brasília: MEC/SEB/Coedi. [Disponível na internet: http://portal.mec.gov.br/dmdocuments/direitosfundamentais.pdf, acesso em 22/7/2019.]

_____ (2009c). *Indicadores de qualidade na educação infantil.* Brasília: MEC/SEB/Coedi. [Disponível na internet: http://portal.mec.gov.br/dmdocuments/indic_qualit_educ_infantil.pdf, acesso em 22/7/2019.]

_____ (2010). *Diretrizes curriculares nacionais para a educação infantil.* Brasília: MEC/CNE/SEB. [Disponível na internet: http://portal.mec.gov.br/index.php?option=com_docman&view=download&alias=9769-diretrizescurriculares-2012&category_slug=janeiro-2012-pdf&Itemid=30192, acesso em 22/7/2019.]

_____ (2012a). *Educação infantil: Subsídios para construção de uma sistemática de avaliação.* Grupo de trabalho instituído pela portaria n. 1.147/2011. Brasília: MEC/SEB/Coedi. [Disponível na internet: http://portal.mec.gov.br/index.php?option=com_docman&view=download&alias=11990-educacao-infantil-sitematica-avaliacao-pdf&category_slug=novembro-2012-pdf&Itemid=30192, acesso em 22/7/2019.]

_____ (2012b). *Brinquedos e brincadeiras de creches: Manual de orientação pedagógica.* Brasília: MEC/SEB/Coedi, Unicef. [Disponível na internet: http://portal.mec.gov.br/dmdocuments/publicacao_brinquedo_e_brincadeiras_completa.pdf, acesso em 22/7/2019.]

_____ (2012c). *Educação infantil, igualdade racial e diversidade: Aspectos políticos, jurídicos, conceituais.* São Paulo: MEC/SEB/Coedi, Ceert. [Disponível na internet: http://portal.mec.gov.br/index.php?option=com_docman&view=download&alias=11283-educa-infantis-conceituais&Itemid=30192, acesso em 22/7/2019.]

_____ (2012d). *Educação infantil e práticas promotoras de igualdade racial.* São Paulo: MEC/SEB, Ceert, Instituto Avisa lá. [Disponível na internet: http://portal.mec.gov.br/index.php?option=com_docman&view=download&alias=11284-revistadeeducacaoinfantil-2012&category_slug=agosto-2012-pdf&Itemid=30192, acesso em 22/7/2019.]

_____ (2012e). *Oferta e demanda de educação infantil no campo.* Porto Alegre: MEC/SEB, Evangraf. [Disponível na internet: http://portal.mec.gov.br/index.php?option=com_docman&view=download&alias=12465-oferta-demanda-educacao-ampo-pdf&category_slug=fevereiro-2013-pdf&Itemid=30192, acesso em 22/7/2019.]

_____ (2013). Lei n. 12.796, de 4 de abril. Altera a lei n. 9.394, de 20 de dezembro de 1996, que estabelece as diretrizes e bases da educação nacional, para dispor sobre a formação dos profissionais da educação e dar outras providências. [Disponível na internet: http://www.planalto.gov.br/ccivil_03/_ato2011-2014/2013/lei/l12796.htm, acesso em 22/7/2019.]

_____ (2014). *Lei n. 13.005, de 25 de junho*. Aprova o Plano Nacional de Educação (PNE) e dá outras providências. [Disponível na internet: http://www.planalto.gov.br/ccivil_03/_ato2011-2014/2014/lei/l13005.htm, acesso em 22/7/2019.]

_____ (2015). *Contribuições para a Política Nacional: A avaliação em educação infantil a partir da avaliação de contexto*. Curitiba: Imprensa/UFPR; Brasília: MEC/SEB/Coedi. [Disponível na internet: http://primeirainfancia.org.br/wp-content/uploads/2016/04/seb_avaliacao_educacao_infantil_a_partir_avaliacao_contexto.pdf, acesso em 22/7/2019.]

_____ (2016). *Coleção Leitura e Escrita na Educação Infantil*. Brasília: MEC/SEB/Coedi.

_____ (2018). *Base Nacional Comum Curricular: Educação é a base*. Brasília: MEC/Fundação Carlos Alberto Vanzolini/Gestão de Tecnologias em Educação. [Disponível na internet: http://basenacionalcomum.mec.gov.br/abase, acesso em 22/7/2019.]

BRASILEIRO, T. (2001). "Pode entrar que a creche é sua: Um estudo sobre a relação creche-família numa instituição da Baixada Fluminense/RJ". Dissertação de mestrado em Educação. Rio de Janeiro: Pontifícia Universidade Católica do Rio de Janeiro.

BUBER, M. (1974). *Eu e tu*. Tradução, introdução e notas Newton Aquiles von Zuben. 2ª ed. São Paulo: Moraes.

_____ (2004). *El camino del ser humano y otros escritos*. Tradução e notas Carlos Díaz. Madri: Fundación Emmanuel Mounier. (Col. Persona, 11)

_____ (2008). *Sobre comunidade*. Trad. Newton Aquiles Von Zuben. Campinas: Perspectiva.

_____ (2009). *Do diálogo e do dialógico*. Trad. Marta Ekstein de Souza Queiroz e Regina Weinberg. São Paulo: Perspectiva.

_____ (2011). *O caminho do homem segundo o ensinamento chassídico*. Trad. Claudia Abeling. São Paulo: Realizações.

CAMPOS, M.M. (2008). "Por que é importante ouvir a criança? A participação das crianças pequenas na pesquisa científica". *In:* CRUZ, S.H.V. (org.). *A criança fala: A escuta das crianças em pesquisas*. São Paulo: Cortez, pp. 35-42.

CAMPOS, R. de F.; DURLI, Z. e CAMPOS, R. (2019). "BNCC e privatização da educação infantil: Impactos na formação de professores". *Retratos da Escola*, v. 13, n. 25, jan.-maio, Brasília, pp. 169-185.

CORSARO, W. (2005). "Entrada no campo, aceitação e natureza da participação nos estudos etnográficos com crianças pequenas". *Educação e Sociedade*, v. 26, n. 91, maio-ago., Campinas, pp. 443-464.

_____ (2011). *Sociologia da infância*. 2ª ed. Porto Alegre: Artmed.

CORSINO, P. (2006). "Linguagem na educação infantil: As brincadeiras com as palavras e as palavras como brincadeiras". *In:* BRASIL. *Salto para o futuro. O cotidiano na educação infantil*. Boletim 23. Brasília: MEC/Sead, pp. 28-45.

COUTO, M. (2004). *O fio das missangas*. São Paulo: Cia. das Letras.

CRUZ, S.H.V. (org.) (2008). *A criança fala: A escuta das crianças em pesquisas*. São Paulo: Cortez.

CRUZ, S.H.V. e PETRALANDA, M. (orgs.) (2004). *Linguagem e educação da criança*. Fortaleza: UFC.

DAUSTER, T. (1997). "Um outro olhar: Entre a antropologia e a educação". *Caderno Cedes*, v. 18, n. 43, dez., Campinas. [Disponível na internet: http://www.scielo.br/scielo.php?script=sci_arttext&pid=S0101-32621997000200004F, acesso em 5/3/2015.]

DRAGO, R. (2005). "Infância, educação infantil e inclusão: Um estudo de caso em Vitória". Tese de doutorado em Educação. Rio de Janeiro: Pontifícia Universidade Católica do Rio de Janeiro.

DRUMMOND DE ANDRADE, C. (1976). "A educação do ser poético". *Revista Brasileira de Estudos Pedagógicos*, v. 61, n. 140, out., Rio de Janeiro, pp. 593-594.

EDWARDS, C.; GANDINI, L. e FORMAN, G. (orgs.) (1999). *As cem linguagens da criança: A abordagem de Reggio Emilia na educação da primeira infância*. Trad. Dayse Batista. Porto Alegre: Artes Médicas.

FARIA, A.L.G. e PALHARES, M. (1999). *Educação infantil pós-LDB: Rumos e desafios*. São Paulo: Autores Associados.

FAZOLO, E. (2008). "Pelas telas de um aramado: Educação infantil, cultura e cidade". Tese de doutorado em Educação. Rio de Janeiro: Pontifícia Universidade Católica do Rio de Janeiro.

FERNANDES, F. (2004). "As 'trocinhas' do Bom Retiro: Contribuição ao estudo folclórico e sociológico da cultura e dos grupos infantis". *Pro-Posições*, v. 15, n. 43, jan.-abr., Campinas, pp. 229-249.

FERREIRA, M. (2002). "Criança tem voz própria (pelo menos para a sociologia da infância)". *A Página da Educação*, n. 117, ano 11, nov. [Disponível na internet: http://www.apagina.pt/?aba=7&cat=117&doc=9121&mid=2, acesso em 27/1/2015.]

_____ (2010). "'Ela é nossa prisioneira!': Questões teóricas, epistemológicas e ético-metodológicas a propósito dos processos de obtenção da permissão das crianças pequenas numa pesquisa etnográfica". *Revista Reflexão e Ação*, v. 18, n. 2, jul.-dez., Santa Cruz do Sul, pp. 151-182.

FREINET, E. (1979). *O itinerário de Célestin Freinet: A livre expressão na Pedagogia Freinet*. Trad. Priscila de Siqueira. Rio de Janeiro: Francisco Alves.

FREIRE, P. (1997). *Professora sim, tia não: Cartas para quem ousa ensinar.* São Paulo: Olho d'Água.

GEERTZ, C. (1978). *A interpretação das culturas*. Trad. Fanny Wrobel. Rio de Janeiro: Zahar.

GOULART, C. e MATA, A.S. da (2016). "Linguagem oral e linguagem escrita: Concepções e inter-relações". *In*: BRASIL. *Linguagem oral e linguagem escrita na educação infantil: Práticas e interações*. Caderno 3. Brasília: MEC/SEB/Coedi, pp. 45-76. (Coleção Leitura e Escrita na Educação Infantil, v. 4)

HOEMKE, A.M.S. (2004). "Ambiente de qualidade na educação infantil: Elementos constitutivos da sala de crianças de 3 a 5 anos na perspectiva dos professores infantis". Dissertação de mestrado em Educação. Itajaí: Universidade do Vale do Itajaí.

HOLM, A.M. (2004). "A energia criativa natural". *Pro-Posições*, v. 15, n. 1(43), jan.-abr., Campinas, pp. 83-95.

JOBIM E SOUZA, S. e LOPES, A.E. (2002). "Fotografar e narrar: A produção do conhecimento no contexto da escola". *Cadernos de Pesquisa*, n. 116, julho, São Paulo, pp. 62-80.

KRAMER, S. (2002). "Autoria e autorização: Questões éticas na pesquisa com crianças". *Cadernos de Pesquisa*, n. 116, julho, São Paulo, pp. 42-59.

_____ (2007). *Por entre as pedras*. 3ª ed. São Paulo: Ática.

_____ (org.) (2009). *Retratos de um desafio: Crianças e adultos na educação infantil*. São Paulo: Ática.

_____ (2014). "Na pré-escola, na escola: A insustentável leveza de ser e estar com crianças?". (Mimeo.)

KRAMER, S. e SANTOS, T.R.L. dos (2011). "Contribuições de Lev Vigotski para a pesquisa com crianças". *In:* MARCONDES, M.I.; OLIVEIRA, I.A. de e TEIXEIRA, E. (orgs.). *Abordagens teóricas e construções metodológicas na pesquisa em educação.* Belém: Eduepa, pp. 17-36.

LEITE FILHO, A. (2001). "Proposições para uma educação infantil cidadã". *In:* LEITE FILHO, A. e GARCIA, R.L. (orgs.). *Em defesa da educação infantil.* Rio de Janeiro: DP&A, pp. 29-58.

LENINE (2006). "Tudo por acaso". *In:* LENINE. *Acústico MTV.* São Paulo: BMG. 1 CD, faixa 9.

LENZI, L.H. *et al.* (orgs.) (2006). *Imagem: Intervenção e pesquisa.* Florianópolis: NUP/CED/UFSC.

LISPECTOR, C. (1990). *A paixão segundo G.H.* 14ª ed. Rio de Janeiro: Francisco Alves.

MACHADO, A. (1983). *Poesías completas.* Madri: Espasa-Calpe.

MAIA, M.N.V.G. (2011). "Educação infantil: Com quantas datas se faz um currículo?". Dissertação de mestrado em Educação. Rio de Janeiro: Pontifícia Universidade Católica do Rio de Janeiro.

_____ (2016). "Currículo da educação infantil e datas comemorativas: O que dizem profissionais e crianças". Tese de doutorado em Educação. Rio de Janeiro: Pontifícia Universidade Católica do Rio de Janeiro.

MELO NETO, J.C. de (1986). *Poesias completas*. Rio de Janeiro: José Olympio.

_____ (2007). *Pedra do sono*. Rio de Janeiro: Alfaguara/Objetiva.

NASCIMENTO, A.M. do *et al.* (2011). "'Menino agitado Jesus não gosta': Religião e ética em escolas de educação infantil". *In:* NASCIMENTO, A.M. do (org.). *Educação infantil e ensino fundamental: Contextos, práticas e pesquisa.* Rio de Janeiro: Nau/Edur, pp. 69-80.

NASCIMENTO, C.P.; ARAUJO, E.S. e MIGUEIS, M. da R. (2009). "O jogo como atividade: Contribuições da teoria histórico-cultural". *Revista Semestral da Associação Brasileira de Psicologia Escolar e Educacional (Abrapee)*, v. 13, n. 2, jul.-dez., pp. 293-302.

NUNES, M.F.R.; CORSINO, P. e KRAMER, S. (2009). "Nos murais das escolas: Leituras, interações e práticas de alfabetização". *In:* KRAMER, S. (org.). *Retratos de um desafio: Crianças e adultos na educação infantil.* São Paulo: Ática, pp. 198-216.

NUNES, M.F.R. *et al.* (2015). "Políticas de educação infantil no estado do Rio de Janeiro: Proinfância e as estratégias municipais de atendimento a crianças de 0 a 6 anos". Projeto de pesquisa. Coord. Maria Fernanda Rezende Nunes. Financiamento CNPq/Edital Universal. Bolsa Capes/DS.

OLIVEIRA, D.A.; DUARTE, A.C. e VIEIRA, L.F. (2010). *Dicionário "Trabalho, profissão e condição docente".* Belo Horizonte: Gestrado/FAE/UFMG/MEC. [Disponível na internet: http://www.gestrado.org/?pg=dicionario-verbetes&id=107, acesso em 8/3/2015.]

OLIVEIRA, M.K. e REGO, T.C. (2003). "Vygotsky e as complexas relações entre cognição e afeto". *In:* ARANTES, V.A. (org.). *Afetividade na escola: Alternativas teóricas e práticas.* São Paulo: Summus, pp. 13-34.

OSTETTO, L. (2011) *Educação infantil e arte: Sentidos e práticas possíveis.* São Paulo: Unesp. [Disponível na internet: http://www.acervodigital.unesp.br/bitstream/123456789/320/1/01d14t01.pdf, acesso em 2/2/2015.]

PENA, A.; CASTRO, L. e CASTRO E SOUZA, M. (2014). "'Quem falar vai sentar no chão frio!' – Coação, comunhão, liberdade e formação na educação infantil: Uma análise a partir da filosofia de Martin Buber". Trabalho apresentado no *XVIII Endipe – Encontro Nacional de Didática e Prática de Ensino.*

PENA, A.; NUNES, M.F.R. e KRAMER, S. (2018). "Formação humana, visão de mundo, diálogo e educação: A atualidade de Paulo Freire e Martin Buber". *Educação em Revista*, v. 34, Belo Horizonte, pp. 1-17.

PESSOA, F. (1976). *Obra poética.* Org. Maria Aliete Galhoz. Rio de Janeiro: Nova Aguilar.

PINTO, M. e SARMENTO, M.J. (orgs.) (1997). *As crianças: Contextos e identidades.* Braga: Bezerra.

PRESTES, Z.R. (2010). "Quando não é quase a mesma coisa: Análise de traduções de Lev Semionovitch Vigotski no Brasil: Repercussões no campo educacional". Tese de doutorado em Educação. Brasília: Universidade de Brasília.

_____(2013). "A sociologia da infância e a teoria histórico-cultural: Algumas considerações". *Revista de Educação Pública*, v. 22, n. 49/1, maio-ago., Cuiabá, pp. 295-304.

SANTIAGO, M.B.N. e RÖHR, F. (2006). "Formação e diálogo nos discursos de Martin Buber". Trabalho apresentado na 29ª Reunião Anual da Anped, Caxambu.

SARMENTO, M. e GOUVEA, M.C.S. de (orgs.) (2008). *Estudos da infância: Educação e práticas sociais.* Petrópolis: Vozes.

SCRAMINGNON, G.B. da S. (2011). "'Eu lamento, mas é isto que nós temos': O lugar da creche e de seus profissionais no município do Rio de Janeiro". Dissertação de mestrado em Educação. Rio de Janeiro: Universidade Federal do Estado do Rio de Janeiro.

SILVA, A.P.S. da e ROSSETTI-FERREIRA, M.C. (1998). "Novos ares para a educação infantil". *In:* ROSSETTI-FERREIRA, M.C. *et al.* (orgs.). *Os fazeres na educação infantil.* São Paulo: Cortez, pp. 173-183.

THIN, D. (2006). "Para uma análise das relações entre famílias populares e escola: Confrontação entre lógicas socializadoras". *Revista Brasileira de Educação*, v. 11, n. 32, maio-ago., Rio de Janeiro, pp. 211-225.

_____ (2010). "Famílias populares e instituição escolar: Entre autonomia e heteronomia". *Educação e Pesquisa*, v. 36, n. especial, São Paulo, pp. 65-77.

TIRIBA, L. (2005). "Crianças, natureza e educação infantil". Tese de doutorado em Educação. Rio de Janeiro: Pontifícia Universidade Católica do Rio de Janeiro.

TIRIBA, L. e FLORES, M.L.R. (2016). "A educação infantil no contexto da Base Nacional Comum Curricular: Em defesa das crianças como seres da natureza, herdeiras das tradições culturais brasileiras". *Debates em Educação*, v. 8, jul.-dez., Maceió, pp. 157-183.

TOLEDO, M.L.P.B. de (2010). "Relações e concepções de crianças com/sobre a natureza". Dissertação de mestrado em Educação. Rio de Janeiro: Pontifícia Universidade Católica do Rio de Janeiro.

_____ (2014). "Entre o exposto e o escondido, marcas e vestígios de pátios de escolas de educação infantil". Tese de doutorado em Educação. Rio de Janeiro: Pontifícia Universidade Católica do Rio de Janeiro.

VELHO, G. (1980). "O antropólogo pesquisando em sua cidade: Sobre conhecimento e heresia". *In:* VELHO, G. (org.). *O desafio da cidade: Novas perspectivas da antropologia brasileira.* Rio de Janeiro: Campus.

_____ (1981). *Individualismo e cultura: Notas para uma antropologia da sociedade contemporânea.* Rio de Janeiro: Zahar.

VELOSO, C. (1989). "O estrangeiro". *In*: VELOSO, C. *Estrangeiro.* Nova York: Elektra Musician. Faixa 1.

VIGOTSKI, L.S. (1991). *Pensamento e linguagem.* Trad. Jefferson Luiz Camargo. São Paulo: Martins Fontes.

_____ (2007). *A formação social da mente.* Trad. José Cipolla Neto, Luis Silveira Menna Barreto, Solange Castro Afeche. 7ª ed. São Paulo: Martins Fontes.

_____ (2009). *Criação e imaginação na infância.* Trad. Zoia Prestes. Comentários de Ana Luiza Smolka. São Paulo: Ática.

Especificações técnicas

Fonte: Times New Roman 11 p
Entrelinha: 14 p
Papel (miolo): Offset 75 g
Papel (capa): Cartão 250 g
Impressão e acabamento: Paym